essentials

Essentials liefern aktuelles Wissen in konzentrierter Form. Die Essenz dessen, worauf es als „State-of-the-Art" in der gegenwärtigen Fachdiskussion oder in der Praxis ankommt. *Essentials* informieren schnell, unkompliziert und verständlich

- als Einführung in ein aktuelles Thema aus Ihrem Fachgebiet
- als Einstieg in ein für Sie noch unbekanntes Themenfeld
- als Einblick, um zum Thema mitreden zu können

Die Bücher in elektronischer und gedruckter Form bringen das Fachwissen von Springerautor*innen kompakt zur Darstellung. Sie sind besonders für die Nutzung als eBook auf Tablet-PCs, eBook-Readern und Smartphones geeignet. *Essentials* sind Wissensbausteine aus den Wirtschafts-, Sozial- und Geisteswissenschaften, aus Technik und Naturwissenschaften sowie aus Medizin, Psychologie und Gesundheitsberufen. Von renommierten Autor*innen aller Springer-Verlagsmarken.

Daniel Caroppo

Das Dilemma der Kommunikation

Missverständnisse in sieben Stufen
erkennen und vermeiden

 Springer Gabler

Daniel Caroppo
Birkenfeld, Deutschland

ISSN 2197-6708   ISSN 2197-6716   (electronic)
essentials
ISBN 978-3-658-48930-4   ISBN 978-3-658-48931-1   (eBook)
https://doi.org/10.1007/978-3-658-48931-1

Die Deutsche Nationalbibliothek verzeichnet diese Publikation in der Deutschen Nationalbibliografie; detaillierte bibliografische Daten sind im Internet über https://portal.dnb.de abrufbar.

Springer Gabler ist ein Imprint der eingetragenen Gesellschaft Springer Fachmedien Wiesbaden GmbH und ist ein Teil von Springer Nature.
Die Anschrift der Gesellschaft ist: Abraham-Lincoln-Str. 46, 65189 Wiesbaden, Germany

Wenn Sie dieses Produkt entsorgen, geben Sie das Papier bitte zum Recycling.

Geleitwort

Liebe Leserinnen und Leser,

Kommunikation findet immer und überall statt. Wir sprechen mit Familienmitgliedern, Arbeitskollegen, Freunden und allen anderen, denen wir täglich begegnen. Persönlich, telefonisch oder per Videocall. Wir schreiben E-Mails, chatten über Messenger, liken oder kommentieren Beiträge in sozialen Medien. Wir kommunizieren sogar, wenn wir nicht reden, zuhören, schreiben oder lesen. Man kann nicht nicht kommunizieren, sagt der Kommunikationswissenschaftler Paul Watzlawick. Hinzu kommt: Jede und jeder kommuniziert anders, beeinflusst von gesellschaftlichen, persönlichen und kulturellen Prägungen. Missverständnisse sind oft die Folge. Das ist schade, denn gelungene Kommunikation ist grundlegend für gute Beziehungen, privat und beruflich.

In einer Zeit, in der Informationen schneller verbreitet werden als je zuvor, haben Missverständnisse und Fehlinterpretationen oft weitreichende Folgen. Was als klar formulierte Nachricht gedacht war, kann ganz anders ankommen. Jeder Mensch nimmt Gesagtes, Nichtgesagtes und Geschriebenes anders wahr und interpretiert Worte, Tonfall, Emojis und Gestik oder Mimik unterschiedlich. Das passiert in politischen Debatten, in den sozialen Medien oder in der Art, wie Nachrichten konsumiert und kommentiert werden.

Dieses Buch zeigt auf, warum Kommunikation scheitert – und vor allem, wie sie gelingen kann. Es analysiert unser sprachliches Miteinander und vermittelt Strategien, um Missverständnisse zu vermeiden und Klarheit in Gesprächen, Debatten und Entscheidungsprozessen zu schaffen. Es gibt Impulse, bewusster mit

Sprache und nonverbaler Kommunikation umzugehen und praktische Tipps, wie das in der Medienwelt, in der Politik, im Berufsalltag oder im persönlichen Austausch gelingt.

Ich wünsche Ihnen eine inspirierende Lektüre.

Annina Baur
Journalistin, Zeitungsverlag Waiblingen

Was Sie in diesem *essential* finden können

- Ein kompaktes 7-Stufen-Modell, das die häufigsten Ursachen für Kommunikationsfehler systematisch sichtbar macht – vom unausgesprochenen Gedanken bis zum verlorenen Wissen.
- Psychologische Einsichten, warum Kommunikation selbst dann scheitert, wenn alles richtig gesagt wurde – und wie emotionale Blockaden überwunden werden können.
- Anschauliche Fallbeispiele aus Führung, Politik, Gesellschaft und Alltag – mit konkreten Learnings für jede Rolle im Kommunikationsprozess.
- Reflexionsfragen und Checklisten zur persönlichen Selbsteinschätzung – für mehr Klarheit, Wirkung und Beziehungstiefe in Gesprächen.
- Strategien für die Kommunikation in digitalen, hybriden und stressbelasteten Situationen – inklusive KI, Social Media und virtuellen Teams.
- Lösungsansätze für besonders herausfordernde Kontexte – etwa toxische Dynamiken, kulturelle Missverständnisse oder sensible Führungsdialoge.

Inhaltsverzeichnis

Über den Autor

Daniel Caroppo, geboren 1976 in Pforzheim, ist Kommunikationsexperte mit langjähriger Erfahrung als Pressesprecher und Hochschuldozent. Seit fast zwei Jahrzehnten arbeitet er in der Unternehmenskommunikation der DAK-Gesundheit. Die Pressestelle wurde in dieser Zeit mehrfach ausgezeichnet – unter anderem mit dem Internationalen Deutschen PR-Preis, dem Politikaward und als „Pressestelle des Jahres" in Deutschland. Seit über 13 Jahren lehrt Caroppo Kommunikation und Public Relations an der Dualen Hochschule Baden-Württemberg in Karlsruhe. Nach seinem *Essentials* „Die Basis erfolgreicher Pressearbeit" widmet er sich nun einem breiteren Thema: dem Dilemma der Kommunikation – und zeigt, wie Klarheit, Struktur und Haltung helfen, Missverständnisse systematisch zu vermeiden.

Das Dilemma der Kommunikation – Eine Einführung

1

„Das größte Problem in der Kommunikation ist die Illusion, dass sie stattgefunden hat." (William H. Whyte, Fortune, September 1950)

Ob in Wirtschaft, Politik oder im privaten Alltag – Missverständnisse sind der wahre Kern vieler Krisen. Unternehmen verlieren Milliarden durch interne Fehlkommunikation. Falsch interpretierte Aussagen von Politikerinnen und Politikern können diplomatische Spannungen auslösen. Und persönliche Beziehungen scheitern oft nicht an fehlender Zuneigung, sondern an unausgesprochenen Erwartungen. Studien der Paarforschung (vgl. John M. Gottman Institute, 1992) zeigen, dass Kommunikationsmuster der stärkste Prädiktor für Beziehungszufriedenheit oder -krisen sind. Besonders problematisch sind unausgesprochene Bedürfnisse oder sogenannte „unausgesprochene Verträge".

Kommunikation entscheidet über Erfolg oder Misserfolg. Doch paradoxerweise haben wir noch nie so viele Möglichkeiten zur Verständigung gehabt – und gleichzeitig noch nie so oft aneinander vorbeigeredet. In einer digital vernetzten Welt, in der Meetings über Zeitzonen hinweg stattfinden, Kunden innerhalb von Sekunden reagieren und Social-Media-Debatten in Echtzeit eskalieren, wächst das Risiko von Missverständnissen exponentiell.

Warum Kommunikation heute komplexer ist als je zuvor
Kommunikation ist nicht einfach der Austausch von Worten. Sie ist ein hochkomplexer Prozess, der durch Erwartungen, Wahrnehmungen und Kontext beeinflusst wird. Studien zeigen, dass in Unternehmen bis zu 70 % der Fehler auf Kommunikationsprobleme zurückzuführen sind (Goleman, 2013). In Zei-

© Der/die Autor(en), exklusiv lizenziert an Springer Fachmedien Wiesbaden GmbH, ein Teil von Springer Nature 2025
D. Caroppo, *Das Dilemma der Kommunikation*, essentials,
https://doi.org/10.1007/978-3-658-48931-1_1

ten hybrider Arbeitsmodelle und virtueller Teams wird dieser Faktor noch bedeutender: Laut einer Studie der Unternehmensberatung McKinsey verbringen Führungskräfte rund 28 % ihrer Arbeitszeit mit E-Mails – und dennoch werden viele Nachrichten übersehen oder falsch verstanden (McKinsey, 2021).

Auch gesellschaftlich erleben wir eine neue Dimension von Misskommunikation: Fake News verbreiten sich schneller als überprüfte Fakten. Polarisierte Debatten in sozialen Medien führen dazu, dass Menschen weniger miteinander sprechen – und stattdessen nur noch ihre eigene Filterblase bestätigen.

Misskommunikation ist nicht nur ein individuelles Problem – sie hat systemische Auswirkungen.

Die sieben Stufen des Kommunikationsbruchs

Warum aber ist es so schwer, einander richtig zu verstehen? Dieses Buch zeigt, dass Kommunikation auf sieben kritischen Stufen scheitern kann:

1. Gedacht ist nicht gesagt – Wir sprechen oft nicht aus, was wir wirklich denken.
2. Gesagt ist nicht gehört – In der Informationsflut gehen viele Botschaften unter.
3. Gehört ist nicht verstanden – Jeder interpretiert Sprache durch seine eigene Wahrnehmung.
4. Verstanden ist nicht einverstanden – Fakten allein lösen keine Zustimmung aus.
5. Einverstanden ist nicht angewandt – Selbst, wenn Menschen zustimmen, handeln sie nicht automatisch danach.
6. Angewandt ist nicht beibehalten – Neue Verhaltensweisen scheitern oft an alten Routinen.
7. Beibehalten ist nicht weitergegeben – Wissen und Erfahrungen werden häufig nicht geteilt.

Jede dieser Stufen ist eine potenzielle Fehlerquelle – und genau hier setzt dieses Buch an.

Kommunikation als entscheidende Kompetenz

Wir sprechen, schreiben, posten, mailen – ständig und überall. Und doch scheitert Verständigung oft nicht an mangelndem Wissen, sondern an fehlender Klarheit, unbewussten Erwartungen oder stillen Widerständen. Kommunikation ist kein Nebenschauplatz – sie ist der Kern von Führung, Zusammenarbeit und Beziehung. Wer sie nicht versteht, verliert Orientierung, Einfluss und Vertrauen. Dieses *Essential* zeigt, wie Kommunikation systematisch misslingt – und wie sie mit Struktur, Haltung und psychologischem Verständnis wirksam gestaltet werden kann.

Ein zentrales Modell in diesem Zusammenhang sind die sogenannten „sieben Stufen des Kommunikationsbruchs". Es wird häufig dem Verhaltensforscher Konrad Lorenz zugeschrieben. Es gibt jedoch keine nachweisbare wissenschaftliche Quelle, die diese Verbindung eindeutig belegt. Vielmehr scheint es sich um eine spätere Popularisierung oder Fehlzuschreibung zu handeln. Wissenschaftlich fundierter sind die Erkenntnisse von Paul Watzlawick, Friedemann Schulz von Thun oder Daniel Kahneman, die sich intensiv mit Kommunikationsprozessen und deren Fehlinterpretationen befassen. Dieses Buch bietet wissenschaftlich fundierte, aber praxisnahe Lösungen für das Kommunikationsdilemma unserer Zeit. Es zeigt, wie wir bewusster kommunizieren, Missverständnisse gezielt vermeiden und unsere Botschaften klarer vermitteln können. Denn nur wenn „gesagt" auch wirklich „verstanden" wird, kann Sprache ihr volles Potenzial entfalten.

Die sieben kritischen Stufen der Kommunikation

2

Kommunikation scheitert meist nicht am Willen, sondern an der Reibung zwischen Gedanken, Worten und Wirklichkeit. Dieses Kapitel beschreibt sieben typische Bruchstellen, an denen Verständigung ins Stocken gerät – vom unausgesprochenen Gedanken bis zur fehlenden Weitergabe. Jede Stufe ist eine Einladung zur Reflexion: Wo geht Bedeutung verloren? Was lässt sich bewusst anders machen? Das Kapitel liefert nicht nur eine Systematik für Kommunikationsprobleme, sondern zeigt Wege auf, wie aus Missverständnissen echte Verbindung werden kann.

2.1 Gedacht ist nicht gesagt – Warum Kommunikation oft im Kopf stecken bleibt

„Aber das war doch klar!" – Ist es das wirklich?
Hast du dich jemals dabei ertappt, dass du dachtest, etwas sei selbstverständlich – nur um dann festzustellen, dass dein Gegenüber es völlig anders verstanden hat? Oder dass du in einer Besprechung wichtige Informationen nicht ausgesprochen hast, weil du glaubtest, alle wüssten es ohnehin? Genau hier beginnt das Dilemma der Kommunikation: Das, was wir denken, sagen wir nicht automatisch auch.

Kommunikationswissenschaftler wie Paul Watzlawick und Friedemann Schulz von Thun haben gezeigt, dass Kommunikation auf mehreren Ebenen scheitern kann – vom unausgesprochenen Gedanken bis zur falschen Interpretation durch den Empfänger. Eine zentrale Hürde liegt bereits in unserem eigenen Kopf: Gedacht ist nicht gesagt. Doch warum bleiben so viele Gedanken unausgesprochen? Und wie können wir diese Barriere überwinden?

© Der/die Autor(en), exklusiv lizenziert an Springer Fachmedien Wiesbaden GmbH, ein Teil von Springer Nature 2025
D. Caroppo, *Das Dilemma der Kommunikation,* essentials,
https://doi.org/10.1007/978-3-658-48931-1_2

Warum wir oft nicht aussprechen, was wir denken

Die menschliche Kommunikation ist ein hochkomplexer Prozess. Unser Gehirn verarbeitet täglich zwischen 60.000 und 80.000 Gedanken (Klinger & Cox, 1987). Doch nur ein Bruchteil davon verlässt tatsächlich unseren Mund. Die Gründe dafür sind vielfältig:

1. „Das ist doch offensichtlich!" – Menschen unterschätzen, dass andere ihre Gedanken nicht kennen.
2. „Es ist mir unangenehm, es direkt zu sagen." – Soziale Ängste verhindern oft Klartext.
3. „Ich habe keine Zeit, alles zu erklären." – Informationen werden aus Zeitmangel weggelassen.
4. „Ich dachte, ich hätte es gesagt!" – In stressigen Situationen sind wir überzeugt, etwas gesagt zu haben, was tatsächlich nur ein Gedanke blieb.

Praxisbeispiel: Kommunikationsfehler in der Medizin – eine fatale Fehldiagnose

Ein eindrucksvolles Beispiel für „Gedacht ist nicht gesagt" stammt aus der medizinischen Praxis. 2013 ereignete sich ein tragischer Vorfall in einem Krankenhaus in Großbritannien: Ein Patient klagte über starke Brustschmerzen, wurde aber mit Verdacht auf eine Magenverstimmung entlassen. Der behandelnde Arzt dachte, er habe seinen Verdacht auf einen Herzinfarkt klar an das Pflegepersonal kommuniziert – doch diese Information wurde nicht weitergegeben. Wichtige Untersuchungen unterblieben, und wenige Stunden später erlitt der Patient einen tödlichen Herzinfarkt. Die anschließende Untersuchung ergab, dass der Arzt zwar leise Bemerkungen zu einem möglichen Herzinfarkt gemacht hatte, aber nie ausdrücklich eine sofortige EKG-Untersuchung angeordnet hatte. Das Pflegepersonal hatte angenommen, dass es sich nur um eine vage Überlegung handelte – ein klassischer Fall von „Gedacht ist nicht gesagt". Dieses Beispiel zeigt, wie lebensgefährlich unausgesprochene Gedanken in kritischen Situationen sein können. ◄

2.2   Gesagt ist nicht gehört

Warum Gesagtes nicht immer gehört wird

Kommunikation ist keine Einbahnstraße. Selbst wenn eine Botschaft klar formuliert und ausgesprochen wird, bedeutet das nicht, dass sie beim Gegenüber ankommt – zumindest nicht in der beabsichtigten Form. Hier kommt das zweite große Kommunikationsdilemma ins Spiel: Gesagt ist nicht gehört.

Die menschliche Wahrnehmung funktioniert selektiv. Unser Gehirn verarbeitet nur einen Bruchteil der Informationen, die uns umgeben. Dies gilt besonders für verbale Kommunikation: Menschen filtern, überhören oder interpretieren Gesagtes auf der Basis ihrer eigenen Erfahrungen, Emotionen und Erwartungen.

Hauptgründe, warum Gesagtes nicht gehört wird:

1. Aufmerksamkeit ist begrenzt – Menschen können nicht alles gleichzeitig aufnehmen. Hintergrundgeräusche, Ablenkungen oder Müdigkeit beeinflussen die Wahrnehmung.
2. Vorannahmen und Erwartungen – Hörer nehmen oft nur das wahr, was sie erwarten oder hören wollen (Confirmation Bias).
3. Emotionale Barrieren – Stress, Angst oder Ärger können verhindern, dass eine Botschaft bewusst aufgenommen wird.
4. Kulturelle Unterschiede – Gesprochene Inhalte können je nach kulturellem Hintergrund unterschiedlich interpretiert oder ausgeblendet werden.
5. Hierarchie und Status – In Unternehmen oder sozialen Gruppen kann die Wahrnehmung von Informationen davon abhängen, wer sie ausspricht.

Diese Faktoren führen dazu, dass selbst eindeutige Aussagen oft nicht in der beabsichtigten Form gehört werden – ein Problem, das in vielen Bereichen gravierende Folgen haben kann.

Praxisbeispiel: Das „überhörte" Warnsignal im Cockpit

Ein besonders eindrückliches Beispiel für dieses Kommunikationsdilemma stammt aus der Luftfahrt. Im Jahr 1990 stürzte British-Airways-Flug 5390 beinahe ab, weil eine kritische Warnung im Cockpit nicht gehört wurde.

Während des Fluges löste sich plötzlich die Cockpitscheibe, wodurch der Kapitän fast aus dem Flugzeug gesogen wurde. Der Copilot konnte das Flugzeug unter Kontrolle halten, doch eine schwerwiegende Kommunikationspanne wurde später im Untersuchungsbericht festgestellt: Die Flugbegleiter riefen mehrfach, dass der Kapitän noch lebte und dringend Hilfe benötigte – doch die Piloten im Cockpit hörten es nicht. Warum? Weil sie unter maximalem Stress standen, sich auf die Instrumente konzentrierten und keine bewusste Wahrnehmung für andere Stimmen hatten. Dieses Phänomen wird als „auditive Tunnelwahrnehmung" bezeichnet – ein Effekt, der auch in Notfällen und bei hoher Arbeitsbelastung auftritt. ◄

Praxisbeispiel: Warum „Gesagt ist nicht gehört" besonders in der digitalen Welt relevant ist

Digitale Kommunikation hat die Art und Weise, wie Menschen Informationen aufnehmen, drastisch verändert. Studien zeigen, dass die durchschnittliche Aufmerksamkeitsspanne von Erwachsenen in den letzten 20 Jahren von zwölf auf acht Sekunden gesunken ist (Microsoft, 2015). Dies hat direkte Auswirkungen auf das Verständnis von gesprochenen oder geschriebenen Informationen.

Ein Beispiel hierfür ist die interne Kommunikation in Unternehmen: Führungskräfte senden Mails oder nutzen Messaging-Tools wie Slack oder Microsoft Teams – und sind frustriert, wenn ihre Mitarbeitenden die wichtigsten Inhalte „nicht hören". Doch das Problem liegt oft an der Art der Informationsvermittlung: Menschen nehmen Informationen im digitalen Kontext anders auf als in persönlichen Gesprächen.

Strategien zur Lösung:

1. Wichtige Botschaften mehrfach senden (z. B. in Meetings, schriftlich, visuell).
2. Aktive Bestätigung einholen: „Kannst du kurz zusammenfassen, was du verstanden hast?"
3. Digitale Kommunikationsregeln festlegen (z. B. maximale Länge von E-Mails oder Priorisierung von Nachrichten). ◄

Die Psychologie der selektiven Wahrnehmung

Warum hören Menschen nicht immer, was gesagt wird? Eine Erklärung liefert die „selektive Aufmerksamkeitstheorie" (Broadbent, 1958), die besagt, dass unser Gehirn nur eine begrenzte Menge an Informationen bewusst verarbeiten kann. Alles andere wird gefiltert oder ausgeblendet.

Ein bekanntes Experiment dazu ist das „unsichtbare Gorilla"-Experiment (Simons & Chabris, 1999): Versuchspersonen sollten ein Basketballspiel beobachten und die Pässe zählen. Währenddessen lief eine Person in einem Gorillakostüm durchs Bild – doch fast niemand bemerkte es. Der Grund? Die Teilnehmer waren so stark auf ihre Aufgabe fokussiert, dass sie alles andere ausblendeten.

Dieses Phänomen ist auch im Alltag relevant: Wenn Menschen gedanklich abwesend sind oder sich auf etwas anderes konzentrieren, nehmen sie selbst wichtige Informationen nicht bewusst wahr.

Strategien, um besser gehört zu werden
Wie kann man sicherstellen, dass das Gesagte auch tatsächlich gehört wird? Hier einige bewährte Methoden:

- Wiederholung und Paraphrasierung: Informationen mehrfach in unterschiedlichen Worten wiederholen.
- Klares Signalmanagement: In stressigen Situationen gezielt auf Blickkontakt oder Handzeichen setzen.
- Emotionalen Kontext beachten: Botschaften so formulieren, dass sie beim Gegenüber ankommen (z. B. Vermeidung von Überforderung durch zu viele Infos auf einmal).
- Interaktive Kommunikation: Nachfragen oder Wiederholungen durch den Zuhörer einbauen („Was hast du verstanden?", „Wiederhole es mit eigenen Worten").
- Vermeidung von Ablenkungen: Kommunikation gezielt in ruhigen Momenten führen, um Hintergrundgeräusche oder andere Störfaktoren zu minimieren.

Fazit: Das Gesagte bewusst hörbar machen
„Ich habe es doch gesagt!", ist eine der häufigsten Klagen in Kommunikationsprozessen. Doch gesagtes Wort ist nicht automatisch gehörtes Wort. Die Hürde der selektiven Wahrnehmung beeinflusst, welche Informationen bei den Zuhörern ankommen – oder eben nicht. In der modernen Welt, in der Informationsflut und Ablenkung zunehmen, wird es immer wichtiger, Kommunikationsstrategien zu optimieren, um sicherzustellen, dass die eigene Botschaft auch tatsächlich gehört wird.

2.3   Gehört ist nicht verstanden – die Tücke der Interpretation

Warum das Gehörte nicht immer verstanden wird
Selbst, wenn jemand etwas hört, bedeutet das nicht, dass die Botschaft auch so verstanden wird, wie sie gemeint war. Sprache ist kein exaktes Übertragungsmedium, sondern immer Interpretationssache. Dies ist eines der zentralen Probleme in der Kommunikation: Gehört ist nicht verstanden. Viele Menschen gehen davon aus, dass ihre Gedanken automatisch verständlich sind, sobald sie ausgesprochen werden. Doch Sprache ist niemals ein exaktes Abbild der Gedankenwelt – sie ist ein Filter.

Warum kommt es zu Missverständnissen?

Menschen interpretieren Gehörtes auf Basis von:

1. Vorerfahrungen und Wissen – Wer ein Thema bereits kennt, hört anders als jemand ohne Vorwissen.
2. Emotionen und Erwartungen – Gefühle beeinflussen, wie eine Aussage verstanden wird.
3. Sprachliche Mehrdeutigkeit – Ein und dasselbe Wort kann verschiedene Bedeutungen haben.
4. Kultureller Kontext – Sprache und Symbole werden in verschiedenen Kulturen unterschiedlich interpretiert.
5. Der Framing-Effekt – Die Art der Formulierung beeinflusst die Wahrnehmung des Inhalts.

Ein Beispiel: Die Aussage „Wir müssen mehr sparen" kann je nach Person und Situation völlig unterschiedlich verstanden werden. Bedeutet es, dass weniger ausgegeben werden soll, dass Einschnitte notwendig sind, oder dass eine Krise droht? Ohne Kontext bleibt die Interpretation unvermeidlich.

Praxisbeispiel: Politische Rhetorik und missverstandene Botschaften

Politische Kommunikation ist anfällig für Missverständnisse und Fehlinterpretationen, die erhebliche Auswirkungen haben können. Folgendes Beispiel verdeutlicht dies: Im September 2023 äußerte der CDU-Vorsitzende Friedrich Merz, dass ausreisepflichtige Asylbewerber „beim Arzt sitzen und sich die Zähne neu machen lassen", während deutsche Bürger keine Termine bekämen. Diese Aussage führte zu heftiger Kritik, da sie als populistisch und unsachlich wahrgenommen wurde. Der Präsident der Bundeszahnärztekammer stellte klar, dass für Schmerzbehandlungen die Kosten übernommen werden und keine Terminengpässe durch Geflüchtete bekannt seien. Diese Kontroverse zeigt, wie unpräzise Aussagen in der politischen Kommunikation zu Missverständnissen und Vertrauensverlust führen können.

Ein weiteres Beispiel hierfür ist die öffentliche Auseinandersetzung zwischen dem damaligen Bundeskanzler Olaf Scholz und CDU-Chef Friedrich Merz im Dezember 2024: Scholz bezeichnete Friedrich Merz im ZDF-„heute journal" abfällig als „Fritze Merz" und warf ihm „Tünkram" (Unsinn) vor. Diese Bemerkung wurde als respektlos empfunden und führte zu einer öffentlichen Debatte über den angemessenen Ton in der politischen

Auseinandersetzung. Dieses Beispiel verdeutlicht, wie wichtig eine präzise und respektvolle Kommunikation in der Politik ist, um Missverständnisse und unnötige Spannungen zu vermeiden. ◄

Die Psychologie der Interpretation
Unsere Wahrnehmung ist kein objektiver Spiegel der Realität. Die kognitive Psychologie zeigt, dass Menschen Informationen automatisch filtern, bewerten und in bestehende Denkstrukturen einordnen.

Der Framing-Effekt: Die Wortwahl beeinflusst, wie eine Botschaft wahrgenommen wird. Beispiel: „90 % Überlebensrate" klingt besser als „10 % Sterblichkeitsrate", obwohl beides dasselbe bedeutet. „Steuerentlastung" wirkt positiv, während „Steuergeschenk" eher negativ besetzt ist.

Der Bestätigungsfehler (Confirmation Bias): Menschen neigen dazu, nur das zu hören, was ihre bestehenden Überzeugungen bestätigt. So verstehen zwei Personen mit gegensätzlichen politischen Ansichten dieselbe Rede oft völlig unterschiedlich.

Kontextabhängigkeit: Worte gewinnen ihre Bedeutung erst durch den Zusammenhang. „Bank" kann ein Möbelstück sein – oder ein Finanzinstitut. Ohne Kontext bleibt Sprache mehrdeutig.

Strategien, um richtig verstanden zu werden
Wie kann man sicherstellen, dass das Gesagte auch richtig interpretiert wird? Einige bewährte Techniken:

- Klarheit in der Sprache: Vermeidung von Mehrdeutigkeiten, präzise Formulierungen.
- Kontext liefern: Hintergrundinformationen bereitstellen, um Missverständnisse zu vermeiden.
- Rückfragen nutzen: „Was hast du verstanden?" als Kontrollfrage verwenden.
- Visuelle Unterstützung: Diagramme, Gestik oder Betonung helfen, die Bedeutung zu verdeutlichen.
- Empathie für das Gegenüber: Sich in die Lage des Zuhörers versetzen – welche Vorerfahrungen bringt er mit?

Fazit: Kommunikation ist Interpretation
„Das habe ich nie gesagt!" – Ein Satz, den viele Menschen kennen. Doch oft liegt das Problem nicht darin, dass jemand die Worte nicht gehört hat, sondern darin, dass er sie anders interpretiert hat als beabsichtigt.

Das dritte Dilemma der Kommunikation zeigt, dass „richtig gehört" nicht gleich „richtig verstanden" bedeutet. Der Schlüssel zu gelungener Kommunikation liegt darin, sich bewusst zu machen, dass Sprache nie absolut ist – sondern immer durch den Filter des Zuhörers geht.

2.4 Verstanden ist nicht einverstanden – die Hürde der Akzeptanz

Warum Verständnis nicht automatisch Zustimmung bedeutet
Eine weit verbreitete Illusion in der Kommunikation ist die Annahme: „Wenn mein Gegenüber mich versteht, wird er mir zustimmen." Doch das ist ein Trugschluss. Menschen können eine Information vollständig erfassen und dennoch ablehnen. Dies ist die vierte große Hürde in der Kommunikation: Verstanden ist nicht einverstanden.

Dieses Dilemma ist allgegenwärtig:

- Wissenschaftliche Fakten werden ignoriert, weil sie nicht ins Weltbild passen.
- Unternehmensstrategien stoßen auf Widerstand, obwohl sie logisch erscheinen.
- Politische Reformen scheitern, weil sie emotional abgelehnt werden.

Die zentrale Frage ist also: Warum lehnen Menschen Erkenntnisse oder Argumente ab, selbst wenn sie sie verstehen?

Psychologische Mechanismen der Ablehnung
Drei zentrale psychologische Effekte erklären, warum Verständnis nicht automatisch zur Zustimmung führt:

1. **Der Confirmation Bias – Bestätigung des Bekannten**
   Menschen neigen dazu, nur Informationen zu akzeptieren, die ihre bestehenden Überzeugungen stützen. Neue Erkenntnisse, die dem eigenen Weltbild widersprechen, werden unbewusst abgewertet oder ignoriert.
   Beispiel: In der Klimadebatte ignorieren Skeptiker wissenschaftliche Beweise für den Klimawandel, weil sie nicht mit ihrer bisherigen Überzeugung übereinstimmen.
2. **Reaktanz – Widerstand gegen gefühlte Bevormundung**
   Wenn Menschen das Gefühl haben, dass ihnen eine Meinung „aufgedrängt" wird, reagieren sie mit Widerstand – selbst wenn die Argumente schlüssig sind.

Beispiel: Trotz klarer Gesundheitsvorteile weigern sich viele Menschen, sich impfen zu lassen, weil sie sich in ihrer Entscheidungsfreiheit eingeschränkt fühlen.

3. **Kognitive Dissonanz – Der innere Konflikt**
   Wenn neue Informationen nicht mit bisherigen Handlungen oder Überzeugungen übereinstimmen, entsteht ein unangenehmes Spannungsgefühl – kognitive Dissonanz. Um dieses Gefühl zu reduzieren, werden die neuen Informationen häufig abgelehnt oder umgedeutet.
   Beispiel: Ein Raucher weiß, dass Rauchen gesundheitsschädlich ist, aber er redet sich ein, dass „es nicht so schlimm ist" oder „er kennt jemanden, der alt wurde trotz Rauchen".

Praxisbeispiel: Politische Reformen und gesellschaftlicher Widerstand

Ein klassisches Beispiel für dieses Dilemma sind politische Reformen. Selbst wenn eine Reform objektiv vorteilhaft erscheint, kann sie massiven Widerstand hervorrufen.

Ein prominentes Beispiel ist die Einführung von Tempolimits auf Autobahnen. Wissenschaftlich ist belegt, dass ein Tempolimit:

- Die Unfallzahlen senkt
- CO_2-Emissionen reduziert
- Den Verkehrsfluss verbessert

Trotzdem gibt es starken Widerstand – nicht, weil die Menschen die Argumente nicht verstehen, sondern weil sie emotionale oder ideologische Ablehnung empfinden. Viele Autofahrer sehen es als persönlichen Freiheitsverlust oder lehnen staatliche Eingriffe grundsätzlich ab. Dieses Beispiel zeigt: Rationale Argumente reichen oft nicht aus, um Zustimmung zu erreichen. ◄

Strategien, um Akzeptanz zu fördern
Wie kann man Widerstand überwinden und Akzeptanz für neue Ideen oder Veränderungen schaffen? Hier einige bewährte Strategien:

- Framing-Techniken nutzen: Die gleiche Botschaft kann durch andere Formulierungen anders wahrgenommen werden. Beispiel: „Steuererleichterung" klingt positiver als „Steuersenkung für Unternehmen".
- Empathie zeigen: Verständnis für die Perspektive des Gegenübers erhöht die Akzeptanz. Beispiel: Statt zu sagen „Du liegst falsch!", besser „Ich verstehe deine Bedenken, aber…".

- Selbstbestimmung ermöglichen: Menschen akzeptieren Veränderungen eher, wenn sie das Gefühl haben, selbst Einfluss darauf zu haben. Beispiel: Ein Unternehmen kann Mitarbeitern Mitspracherecht bei neuen Arbeitsprozessen geben.
- Kognitive Dissonanz nutzen: Anstatt direkt gegen eine bestehende Überzeugung zu argumentieren, kann man sie langsam erweitern. Beispiel: Wer gegen vegane Ernährung ist, könnte eher akzeptieren, einmal pro Woche auf Fleisch zu verzichten, als sofort komplett umzusteigen.

Exkurs: Emotionale Intelligenz – die gefühlte Hürde zwischen Verstehen und Einverständnis

In der Kommunikationspsychologie wird oft betont, wie wichtig es ist, Inhalte klar zu formulieren und verständlich zu machen. Doch zwischen dem intellektuellen Verstehen einer Botschaft und der inneren Bereitschaft, ihr zuzustimmen, liegt ein oft übersehener Bereich: die emotionale Verarbeitung. Emotionale Intelligenz – das Vermögen, eigene Gefühle und die anderer zu erkennen, zu verstehen und bewusst einzusetzen – kann genau an dieser Stelle der Kommunikation den entscheidenden Unterschied machen.

Wer eine Botschaft hört und rational versteht, muss ihr noch lange nicht zustimmen. Denn Zustimmung ist selten ein rein logischer Vorgang. Emotionen beeinflussen, ob wir etwas ablehnen, unterstützen oder schlicht ignorieren. Gerade bei sensiblen Themen – etwa Kritik, Veränderungen oder persönlichen Erwartungen – kann eine emotional geladene Atmosphäre dazu führen, dass rationale Argumente ins Leere laufen. Hier kommt emotionale Intelligenz ins Spiel. Sie hilft, die Gefühlslage des Gegenübers wahrzunehmen: Ist da Angst? Widerstand? Unsicherheit? Nur, wer dies erkennt, kann angemessen reagieren. Empathie ist dabei der Schlüssel. Es genügt nicht, recht zu haben – entscheidend ist, ob sich das Gegenüber verstanden fühlt.

In der Praxis bedeutet das: Wer Zustimmung erreichen will, sollte nicht nur erklären, sondern auch fragen: Wie geht es dir mit dem, was ich gerade gesagt habe? Was brauchst du, um dich darauf einzulassen? Solche Fragen öffnen den Raum für emotionale Rückmeldungen – und oft auch für gemeinsame Lösungen.

Emotionale Intelligenz ist damit nicht nur ein Persönlichkeitsmerkmal, sondern ein Kommunikationswerkzeug. Sie schließt die Lücke zwischen Verstehen und Einverständnis – und hilft, Kommunikation nachhaltig wirksam zu gestalten.

Praxisbeispiel: Wenn rationale Argumente nicht genügen

Frau Schneider leitet ein Team von 15 Mitarbeitenden in einem mittelständischen Unternehmen. Nach einem Strategiewechsel der Geschäftsführung ist sie beauftragt, neue Prozesse in der Abteilung einzuführen. In einem Teammeeting stellt sie die Änderungen strukturiert vor: Sie zeigt die Vorteile auf, nennt die Gründe und beantwortet Fragen sachlich. Trotzdem reagiert das Team verhalten – einige zeigen Widerstand, andere wirken still und frustriert.

In einem Einzelgespräch mit einem langjährigen Mitarbeiter wird deutlich: Die rationalen Argumente wurden durchaus verstanden, aber es herrscht Unsicherheit. „Ich weiß, dass das Sinn ergibt", sagt der Kollege, „aber es fühlt sich so an, als ob all das, was wir aufgebaut haben, plötzlich nichts mehr zählt." Die Veränderung löst emotionale Reaktionen aus: Verlustgefühl, Angst vor Überforderung, Zweifel an der eigenen Rolle.

Frau Schneider erkennt, dass weitere sachliche Erklärungen nicht weiterhelfen würden. Stattdessen beginnt sie, offen über die Emotionen im Team zu sprechen. Sie gibt Raum für Sorgen, benennt selbst Unsicherheiten, und betont gleichzeitig den Wert jedes Einzelnen für den neuen Weg. Durch diese emotionale Ansprache entsteht ein Dialog auf Augenhöhe. Im nächsten Meeting sind die Reaktionen positiver – das Team fühlt sich gesehen und eingebunden.

Dieses Beispiel zeigt: Verständnis auf Sachebene reicht oft nicht aus. Erst durch emotionale Intelligenz – also durch Zuhören, Empathie und das Ernstnehmen von Gefühlen – wird Kommunikation zu echter Verbindung und Veränderung möglich. ◄

Exkurs: In der Sekunde entscheiden – Kommunikation unter Zeitdruck

Kommunikation geschieht nicht immer in ruhigen Momenten. Viel häufiger sind es Situationen mit Druck, Erwartung oder Unsicherheit, in denen wir sprechen, reagieren, entscheiden müssen – sofort. In solchen Augenblicken greift unser Gehirn auf Muster zurück, auf Routinen, auf Reflexe. Doch genau darin liegt das Risiko: Was schnell gesagt ist, bleibt manchmal lange haften – und wird nicht immer so verstanden, wie es gemeint war.

Wenn wir unter Druck stehen, schaltet unser Körper in einen Alarmzustand. Die Amygdala, unser emotionales Frühwarnsystem, reagiert schneller als der präfrontale Kortex – also der Teil des Gehirns, der für rationale Abwägung zuständig ist. Die Folge: Unsere Worte werden kürzer, unser Tonfall spitzer, unser Zuhören selektiver. Wer in diesem Zustand kommuniziert, sagt oft nicht das, was eigentlich gesagt werden sollte – sondern das, was das System für notwendig hält, um ‚schnell zu handeln'.

Ein Beispiel: Eine Führungskraft wird in einer Krisensituation vor versammeltem Team mit einer kritischen Frage konfrontiert. Ohne nachzudenken, reagiert sie: „Das ist jetzt nicht der richtige Moment dafür." Die Botschaft ist eindeutig – aber das Signal, das ankommt, lautet: Kritik ist unerwünscht. Die Kommunikation unter Zeitdruck hat ungewollt eine Haltung transportiert, die der eigentlichen Unternehmenskultur widerspricht.

Was hilft in solchen Momenten? Vor allem eines: Mikro-Pausen. Ein Atemzug, ein kurzes Wiederholen der Frage, ein bewusstes Innehalten – all das gibt dem Verstand die Chance, wieder Kontrolle zu übernehmen. Auch vorbereitete Formulierungen können helfen: „Gute Frage – ich würde gern gleich darauf zurückkommen." So bleibt der Gesprächsfluss erhalten, ohne in die Stressspirale zu geraten.

Kommunikation unter Zeitdruck ist ein Balanceakt. Sie erfordert Übung, Selbstwahrnehmung und manchmal auch die Fähigkeit, Fehler im Nachhinein zu thematisieren. Denn niemand kommuniziert perfekt – aber wer sich der Dynamiken bewusst ist, kann selbst in hektischen Momenten eine Sprache finden, die Verbindung statt Verstörung schafft.

Fazit: Überzeugung braucht mehr als Logik

Dieses Kapitel zeigt: Nur weil etwas verstanden wird, heißt das nicht, dass es akzeptiert wird. Emotionen, Überzeugungen und soziale Einflüsse spielen eine enorme Rolle in der Kommunikation. Wer überzeugen will, braucht daher mehr als nur schlüssige Argumente. Er muss verstehen, warum Menschen Widerstand leisten – und wie man ihnen hilft, neue Ideen anzunehmen.

2.5　Einverstanden ist nicht angewandt – die Hürde der Umsetzung

Warum Menschen trotz Zustimmung nicht handeln

Ein weit verbreiteter Irrtum in der Kommunikation ist die Annahme: „Wenn mein Gegenüber mir zustimmt, wird er auch entsprechend handeln." Doch die Realität sieht anders aus. Menschen können eine Idee vollständig verstehen, ihr zustimmen – und dennoch nichts ändern. Dies ist das fünfte große Dilemma der Kommunikation: Einverstanden ist nicht angewandt.

Dieses Phänomen begegnet uns überall:

- Mitarbeitende in Unternehmen verstehen eine neue Strategie, setzen sie aber nicht um.
- Menschen wissen, dass Bewegung gesund ist, bleiben aber inaktiv.
- Gesellschaftliche Probleme werden erkannt, aber es passiert kaum Veränderung.

Doch warum handeln Menschen oft nicht entsprechend ihrer Einsicht?

Psychologische Hürden der Umsetzung
Drei zentrale Mechanismen erklären, warum Menschen trotz Zustimmung nicht ins Handeln kommen:

1. **Das Trägheitsprinzip – Die Macht der Gewohnheit:** Veränderungen erfordern Energie. Das Gehirn bevorzugt Routinen, weil sie weniger kognitive Ressourcen verbrauchen (Kahneman, 2011). Menschen wissen oft, dass eine neue Verhaltensweise besser wäre, aber die alte Gewohnheit ist stärker.
   Beispiel: Viele Menschen wissen, dass sie gesünder essen sollten, aber greifen trotzdem zu Fast Food, weil es einfacher und vertrauter ist.
2. **Die Kosten der Umsetzung – Aufwand vs. Belohnung:** Selbst, wenn etwas rational sinnvoll erscheint, prüfen Menschen unbewusst den Aufwand. Wenn eine Veränderung kurzfristig Anstrengung bedeutet, wird sie aufgeschoben – selbst wenn sie langfristig Vorteile bringt (Ariely, 2008).
   Beispiel: Mitarbeitende stimmen einer neuen digitalen Arbeitsweise zu, bleiben aber bei alten Prozessen, weil die Umstellung zunächst mühsam ist.
3. **Soziale Normen und Gruppendruck:** Menschen orientieren sich an ihrem Umfeld. Selbst wenn sie von einer Idee überzeugt sind, handeln sie oft nicht danach, wenn ihr soziales Umfeld es anders macht (Cialdini, 2006).
   Beispiel: Jemand ist überzeugt, dass Plastikvermeidung sinnvoll ist, aber nutzt trotzdem Plastikflaschen, weil alle um ihn herum es auch tun.

Praxisbeispiel: Nachhaltigkeit und das Umsetzungsproblem

Ein klassisches Beispiel für dieses Kommunikationsdilemma ist der Klimawandel. Studien zeigen, dass die Mehrheit der Menschen anerkennt, dass der Klimawandel real ist und Handlungen erforderlich sind. Dennoch verändern nur wenige ihr Verhalten signifikant.
Warum?

- Kurzfristige Bequemlichkeit überwiegt langfristige Verantwortung.
- Fehlende soziale Vorbilder hemmen Veränderungen.
- Der Nutzen von Einzelverhalten erscheint zu gering.
- Wirtschaftliche Überlegungen sprechen dagegen.

Dieses Beispiel zeigt: Wissen und Zustimmung reichen nicht aus – es braucht konkrete Anreize für Umsetzung. ◄

Strategien zur Förderung der Umsetzung
Wie kann man Menschen dazu bringen, ihre Zustimmung in Handlungen zu überführen? Hier einige bewährte Methoden:

- **Nudging – Kleine Anstöße zur Verhaltensänderung:** Statt Verbote oder Vorschriften können subtile Änderungen das Verhalten lenken (Thaler & Sunstein, 2008). Beispiel: Gesunde Snacks in Kantinen sichtbarer platzieren, um gesündere Entscheidungen zu fördern.
- **Gamification – Motivation durch spielerische Elemente:** Fortschrittsanzeigen oder Belohnungssysteme können helfen, Verhalten zu ändern. Beispiel: Schrittzähler-Apps motivieren durch tägliche Ziele und Rankings.
- **Verbindliche Selbstverpflichtungen:** Menschen halten sich eher an eine Veränderung, wenn sie sich aktiv dazu bekennen. Beispiel: Wer öffentlich ankündigt, Plastik zu vermeiden, hält sich eher daran.
- **Soziale Vorbilder nutzen:** Menschen orientieren sich an anderen. Wenn einflussreiche Personen ein Verhalten vorleben, folgen andere eher. Beispiel: Unternehmen können Führungskräfte als Vorbilder für nachhaltiges Handeln einsetzen.

Fazit: Von der Einsicht zur Handlung
Dieses Kapitel zeigt: Zustimmung allein reicht nicht – Handlungen erfordern gezielte Anstöße. Menschen bleiben oft in alten Mustern, selbst wenn sie wissen, dass eine Veränderung besser wäre.

Wer Kommunikation erfolgreich gestalten will, muss daher über die reine Argumentation hinausgehen: Er muss verstehen, welche Mechanismen Verhalten steuern – und wie man sie gezielt beeinflussen kann.

2.6 Angewandt ist nicht beibehalten – die Hürde der Nachhaltigkeit

Warum Veränderung oft nur kurzfristig gelingt
Viele Menschen haben bereits erlebt, wie schwierig es ist, neue Gewohnheiten langfristig aufrechtzuerhalten. Dieses Phänomen zeigt das sechste große Kommunikationsdilemma: „Angewandt ist nicht beibehalten". Selbst wenn eine neue Verhaltensweise ausprobiert wird, bedeutet das nicht, dass sie auch dauerhaft in den Alltag integriert wird. Beispiele hierfür gibt es im Alltag zahlreiche:

- Eine gesunde Ernährung beginnt motiviert – doch nach ein paar Wochen ist man wieder beim alten Essverhalten.
- Unternehmen führen neue Kommunikationsstrategien ein – doch nach kurzer Zeit verfällt das Team in alte Muster.
- Politische Reformen werden verabschiedet – doch nach einigen Jahren kehrt die Gesellschaft zu alten Verhaltensweisen zurück.

Aber warum ist es so schwer, neue Gewohnheiten langfristig zu verankern?

Die Psychologie der Verhaltensrückfälle
Drei zentrale Mechanismen erklären, warum Menschen oft in alte Muster zurückfallen:

1. **Die Macht der Routinen – Der Rückfall ins Vertraute**
   Das Gehirn liebt Effizienz. Einmal etablierte Routinen laufen automatisch ab und erfordern wenig Energie. Neue Verhaltensweisen hingegen erfordern bewusste Anstrengung.
   Beispiel: Wer versucht, früher aufzustehen, hält es oft nur wenige Tage durch – dann siegt die alte Routine.
2. **Fehlende Belohnung – Kein spürbarer kurzfristiger Nutzen**
   Menschen sind auf sofortige Belohnungen programmiert. Doch viele sinnvolle Veränderungen zeigen erst langfristig positive Effekte.
   Beispiel: Sport verbessert die Gesundheit – aber erst nach Monaten. Die kurzfristige Anstrengung überwiegt, weshalb viele aufgeben.
3. **Soziale Rückkopplung – Das Umfeld bestimmt die Stabilität**
   Das Verhalten wird maßgeblich vom Umfeld beeinflusst. Wenn niemand im Freundeskreis eine Veränderung mitträgt, wird es schwer, sie beizubehalten.
   Beispiel: Jemand will weniger Zeit am Smartphone verbringen – doch alle im Umfeld verbringen weiterhin Stunden täglich damit.

Praxisbeispiel: Gesundheitsprävention und der Jo-Jo-Effekt

Ein klassisches Beispiel für dieses Kommunikationsdilemma ist der Jo-Jo-Effekt beim Abnehmen. Studien zeigen, dass über 80 % der Menschen, die erfolgreich Gewicht verlieren, innerhalb weniger Jahre wieder auf ihr Ausgangsgewicht zurückfallen (Mann et al., 2007).
Warum?

- Die ersten Wochen der Diät sind durch Motivation geprägt.
- Sobald erste Erfolge sichtbar sind, lassen die Bemühungen nach.
- Die alten Essgewohnheiten kehren zurück – oft noch verstärkt.

Die Lösung liegt nicht in kurzfristigen Diäten, sondern in dauerhaften Ernährungsumstellungen und neuen Routinen.
Ein weiteres Beispiel ist die Gesundheitsvorsorge:

- Viele Menschen gehen nach einem Schreckmoment (z. B. Herzinfarkt) für eine Weile regelmäßig zum Arzt.
- Nach einiger Zeit, wenn sie sich besser fühlen, nehmen sie Vorsorgeuntersuchungen nicht mehr ernst.
- Sie kehren zu alten ungesunden Gewohnheiten zurück – mit potenziell fatalen Folgen. ◄

Praxisbeispiel: Die gescheiterten „Open-Space"-Bürokonzepte

Viele Unternehmen stellten in den letzten Jahren auf offene Büroflächen um – mit dem Ziel, Kommunikation und Zusammenarbeit zu verbessern. Doch Studien zeigen, dass Mitarbeitende in Open-Space-Büros häufig weniger kommunizieren als vorher.
Warum? Weil sie sich durch den offenen Raum beobachtet fühlen und wichtige Gespräche lieber auf digitale Kanäle verlagern.
Lernpunkt: Neue Kommunikationsstrukturen müssen kontinuierlich überprüft werden – Menschen kehren sonst schnell zu alten Gewohnheiten zurück. ◄

Strategien der langfristigen Verhaltensänderung
Wie schafft man es, einmal angewandte Veränderungen langfristig zu verankern?

1. Mini-Gewohnheiten etablieren
- Statt große Veränderungen auf einmal anzugehen, lieber kleine, leicht umsetzbare Schritte einbauen.

- *Beispiel:* Täglich zehn Minuten Bewegung sind langfristig wirkungsvoller als ein radikales Fitnessprogramm, das schnell aufgegeben wird.

2. **Verbindlichkeit durch soziale Kontrolle**
   - Menschen halten sich eher an eine Veränderung, wenn sie sich öffentlich dazu verpflichten.
   - *Beispiel:* Wer sich in einer Gruppe anmeldet, bleibt länger beim Sport als jemand, der es allein probiert.

3. **Belohnungssysteme nutzen**
   - Positive Verstärkung ist entscheidend für langfristige Motivation.
   - *Beispiel:* Ein Unternehmen kann erfolgreiche Verhaltensänderungen mit Anreizen wie zusätzlichem Urlaub oder Prämien belohnen.

4. **Rückfälle akzeptieren, aber nicht als Scheitern sehen**
   - Ein einzelner Rückfall bedeutet nicht, dass die Veränderung gescheitert ist. Entscheidend ist die langfristige Richtung.
   - *Beispiel:* Wer eine gesunde Ernährung anstrebt, sollte nicht nach einem ungesunden Tag aufgeben, sondern weitermachen.

Fazit: Nachhaltige Veränderung braucht Geduld

„Angewandt ist nicht beibehalten" – weil Menschen oft zu schnell wieder in alte Muster verfallen. Die Herausforderung der Kommunikation liegt nicht nur darin, eine Veränderung anzustoßen, sondern sie langfristig zu stabilisieren.

Der Schlüssel liegt in:

1. Kleinen, nachhaltigen Veränderungen statt radikaler Umstellungen
2. Sozialer Unterstützung und positiven Verstärkungen
3. Der Erkenntnis, dass langfristiger Erfolg Geduld braucht

Nur so kann Kommunikation nicht nur kurzfristig überzeugen – sondern dauerhaft Wirkung entfalten.

2.7 Beibehalten ist nicht weitergegeben – die Hürde der Weitergabe

Warum Wissen nicht automatisch weitergegeben wird

Selbst, wenn eine neue Verhaltensweise erfolgreich beibehalten wird, bedeutet das nicht, dass sie sich auch weiterverbreitet. Dies ist die siebte und letzte Stufe des Kommunikationsbruchs: Beibehalten ist nicht weitergegeben.

Viele Menschen haben es erlebt: Eine Organisation implementiert eine neue, effiziente Arbeitsmethode – doch außerhalb des ursprünglichen Teams setzt sich diese Veränderung nicht durch. Oder ein erfahrener Mitarbeiter besitzt wertvolles Fachwissen, das jedoch mit seinem Ausscheiden aus dem Unternehmen verloren geht. In der Gesellschaft sehen wir dasselbe Phänomen: Kulturelle Werte oder Traditionen, die über Generationen Bestand hatten, verschwinden, weil sie nicht aktiv weitergegeben wurden.

Psychologische und strukturelle Hürden der Weitergabe

1. **Das Trugbild der Selbstverständlichkeit**
   Wer eine bestimmte Fähigkeit oder ein Wissen erfolgreich verinnerlicht hat, neigt dazu, es als selbstverständlich zu betrachten. Diese sogenannte Expertenblindheit führt dazu, dass Menschen vergessen, ihr Wissen zu teilen.

2. **Fehlende Anreize zur Weitergabe**
   In vielen Organisationen gibt es keinen strukturierten Prozess, um Wissen weiterzugeben. Wissensträger werden für ihre aktuelle Leistung belohnt, aber nicht für die nachhaltige Sicherung von Wissen.

3. **Das Konkurrenzprinzip – Wissen als Macht**
   In manchen Organisationen oder sozialen Gruppen wird Wissen bewusst nicht weitergegeben, weil es als Wettbewerbsvorteil betrachtet wird.

4. **Generations- und Kulturbrüche**
   Besonders in der Gesellschaft zeigt sich das Phänomen, dass Wissen und Werte nicht von Generation zu Generation weitergegeben werden.

Praxisbeispiel: Wissensverlust in Unternehmen und Organisationen

Ein klassisches Beispiel für dieses Dilemma ist der stille Verlust von Erfahrungswissen beim Ausscheiden langjähriger Mitarbeitender. Laut einer aktuellen Studie von Schiedermair et al. (2023) fehlt es in vielen Unternehmen an strukturierten Prozessen zur Sicherung von Schlüsselwissen – insbesondere in kleinen und mittleren Unternehmen. Der demografische Wandel und das altersbedingte Ausscheiden erfahrener Fachkräfte verschärfen das Problem zusätzlich.

Im Gespräch mit einem Produktionsleiter aus einem Unternehmen in der Nähe von Birkenfeld (Württemberg) wurde mir kürzlich ein vertrautes Problem geschildert: Nach dem altersbedingten Ausscheiden mehrerer erfahrener Fachkräfte traten in der Fertigung vermehrt Störungen auf – nicht wegen technischer Defekte, sondern weil zentrales Erfahrungswissen fehlte. Zwar seien die Maschinen digital dokumentiert, sagte er, doch viele Sonderfälle und Lösungen hätten nur im informellen Austausch existiert – nie verschriftlicht, nie systematisiert. Seit dem Weggang der Kollegen müsse der Betrieb deutlich häufiger auf externe Unterstützung zurückgreifen.

Dieses Beispiel zeigt: Selbst wenn Wissen im Arbeitsalltag erfolgreich angewendet und beibehalten wird, bedeutet das noch lange nicht, dass dieses Wissen auch weitergegeben wird – weder strukturiert noch dauerhaft.

Strategien zur Sicherung von Schlüsselwissen

Um dem Risiko des Wissensverlusts entgegenzuwirken, empfehlen aktuelle Untersuchungen die Entwicklung ganzheitlicher Wissensmanagement-Strategien. Schiedermair et al. (2023) betonen insbesondere die Bedeutung der Identifikation und Sicherung von Schlüsselpersonen in kleinen und mittleren Unternehmen (KMU), da deren implizites Wissen oft nicht dokumentiert ist und somit beim Ausscheiden verloren gehen kann.

Drei Ansatzpunkte haben sich in der Praxis als wirksam erwiesen:

1. **Förderung einer offenen Wissenskultur**
   Mitarbeitende sollten aktiv ermutigt werden, ihr Wissen zu teilen – sowohl informell als auch formell. Dies kann durch regelmäßige Meetings, Workshops oder informelle Austauschformate geschehen, die den Wissenstransfer fördern und eine Kultur des Teilens etablieren.
2. **Einsatz digitaler Wissensplattformen**
   Der strukturierte Aufbau interner Wissensdatenbanken ermöglicht schnellen Zugriff auf erprobte Lösungen und fördert den organisationsweiten Austausch. Solche Plattformen können Schritt-für-Schritt-Anleitungen, Erfahrungsberichte und relevante Dokumentationen enthalten, die besonders bei der Einarbeitung neuer Mitarbeitender hilfreich sind.
3. **Implementierung von Anreizsystemen**
   Anreizsysteme können dazu beitragen, Wissensteilung als integralen Bestandteil der Unternehmenskultur zu verankern. Dies kann durch Anerkennung, Karriereentwicklungsmöglichkeiten oder andere motivierende Maßnahmen geschehen, die das Teilen von Wissen belohnen.
   Diese Maßnahmen zeigen: Wissensmanagement erfordert nicht nur technologische Lösungen, sondern auch eine entsprechende Haltung, klare Strukturen und praktische Rituale, die den Transfer von implizitem zu explizitem Wissen ermöglichen. ◄

Strategien zur erfolgreichen Weitergabe von Wissen und Erfahrung

1. **Strukturiertes Wissenstransfer-Management:** Darunter versteht man systematische Verfahren und Prozesse, mit denen relevantes Wissen identifiziert, dokumentiert, zugänglich gemacht und zielgerichtet an andere Personen oder Teams übergeben wird.

2. **Mentoring und Reverse Mentoring:** Mentoring bezeichnet den gezielten Wissenstransfer zwischen erfahrenen Fachkräften und Nachwuchskräften, während beim Reverse Mentoring jüngere Mitarbeitende ihr digitales oder kulturelles Wissen an erfahrene Kollegen weitergeben.

3. **Storytelling und Narratives nutzen:** Diese Methode macht implizites Wissen durch erzählte Erfahrungen greifbar und fördert das Lernen über emotionale, kontextreiche Geschichten statt rein abstrakter Informationen.

4. **Fehlanreize vermeiden – Wissen teilen belohnen:** Gemeint ist die bewusste Gestaltung von Anreizsystemen, um egoistisches Wissenshorten zu verhindern und stattdessen das Teilen von Know-how durch Anerkennung oder messbare Vorteile zu fördern.

5. **Kultur der Weitergabe etablieren:** Dies beschreibt den Aufbau eines organisationalen Selbstverständnisses, in dem Wissensaustausch als selbstverständlich, erwünscht und integraler Bestandteil der Zusammenarbeit verstanden und gelebt wird.

Fazit: Wissen weiterzugeben ist die höchste Form der Kommunikation

„Beibehalten ist nicht weitergegeben" – weil Menschen oft nicht daran denken, ihr Wissen weiterzugeben, oder weil systemische Hürden sie daran hindern. Doch Wissen, das nicht weitergegeben wird, ist verlorenes Wissen.

Wer nachhaltig kommunizieren will, muss sich daher nicht nur fragen: „Habe ich es umgesetzt?", sondern auch: „Habe ich es weitergegeben?". Denn nur so kann Wissen Bestand haben – und Kommunikation ihre volle Wirkung entfalten.

2.8 Zusammenfassung: Das 7-Stufen-Modell zur Überwindung von Kommunikationshürden

Checkliste für eine klarere Kommunikation

1. Gedacht ist nicht gesagt → Habe ich meine Gedanken klar formuliert oder setze ich zu viel voraus?

2. Gesagt ist nicht gehört → Habe ich sichergestellt, dass meine Botschaft überhaupt wahrgenommen wurde?

3. Gehört ist nicht verstanden → Habe ich geprüft, ob mein Gegenüber meine Worte richtig interpretiert?
4. Verstanden ist nicht einverstanden → Habe ich die Perspektive des anderen einbezogen, um Widerstände zu reduzieren?
5. Einverstanden ist nicht angewandt → Gibt es Hindernisse, die verhindern, dass meine Botschaft in Handlungen umgesetzt wird?
6. Angewandt ist nicht beibehalten → Habe ich Routinen und Verstärker eingebaut, damit Veränderungen langfristig Bestand haben?
7. Beibehalten ist nicht weitergegeben → Habe ich mein Wissen aktiv geteilt, damit andere davon profitieren und es weitertragen können?

Wer diese Fragen regelmäßig reflektiert, wird Missverständnisse reduzieren und effektiver kommunizieren (Tab. 2.1).

Reflexionsfragen

- Welche Kommunikationssituation aus meinem Alltag hat zuletzt zu einem Missverständnis geführt?
- Setze ich manchmal zu viel voraus, wenn ich mit anderen spreche?

Tab. 2.1 Das 7-Stufen-Modell zur Überwindung von Kommunikationshürden. (Eigene Darstellung nach dem Modell der „sieben Stufen des Kommunikationsbruchs", häufig Konrad Lorenz zugeschrieben, jedoch wissenschaftlich nicht belegt. Vgl. ergänzend die kommunikationstheoretischen Arbeiten von Paul Watzlawick, Friedemann Schulz von Thun und Daniel Kahneman)

Kommunikationshürde	Lösungsstrategie
1. Gedacht ist nicht gesagt	Klare Sprache, bewusstes Artikulieren wichtiger Gedanken
2. Gesagt ist nicht gehört	Aufmerksamkeit fördern, Störfaktoren minimieren
3. Gehört ist nicht verstanden	Einfachheit und Kontextualisierung nutzen
4. Verstanden ist nicht einverstanden	Psychologische Widerstände berücksichtigen, Framing nutzen
5. Einverstanden ist nicht angewandt	Verhalten durch kleine Schritte und Belohnungssysteme stabilisieren
6. Angewandt ist nicht beibehalten	Langfristige Routinen und soziale Kontrolle schaffen
7. Beibehalten ist nicht weitergegeben	Strukturierten Wissenstransfer schaffen, Weitergabe durch Anreize fördern

- Wann habe ich das letzte Mal erlebt, dass eine Botschaft nicht so verstanden wurde, wie sie gemeint war?
- Wie reagiere ich, wenn mir jemand widerspricht – und könnte ich meine Argumente anders präsentieren?
- Nutze ich digitale Kommunikation bewusst oder entstehen dadurch oft Missverständnisse?
- Welche dieser sieben Stufen ist für mich persönlich die größte Herausforderung?

Merke: Kommunikation ist mehr als nur der Austausch von Worten – sie ist der Schlüssel zu erfolgreicher Zusammenarbeit, effektiver Führung und gelingenden zwischenmenschlichen Beziehungen. Wer versteht, wo Kommunikation scheitern kann, und gezielt an seiner Klarheit arbeitet, wird langfristig erfolgreicher und zufriedener sein.

Wenn Kommunikation krank macht – toxische Dynamiken im Alltag und im Beruf

Kommunikation kann Brücken bauen, Vertrauen schaffen und Veränderung ermöglichen. Doch sie kann auch das Gegenteil bewirken – systematisch entwerten, ausgrenzen und lähmen. Wenn Kommunikation nicht mehr verbindet, sondern verletzt, sprechen wir von toxischer Kommunikation. Sie tritt nicht zufällig auf, sondern folgt oft einem Muster: Sie ist subtil, emotional aufgeladen und schwer greifbar. Und sie hat reale Folgen – für die Psyche, für Teams und für ganze Organisationen.

Was ist toxische Kommunikation?

Toxische Kommunikation ist ein Sammelbegriff für sprachliche Muster, die gezielt oder unbewusst andere Menschen schwächen. Dazu zählen etwa ständiges Unterbrechen, Abwertungen, Ironie als Waffe, Manipulation, Ignoranz, Machtspiele oder das Verdrehen von Aussagen. Häufig wird dabei das Gegenüber in eine defensive Position gedrängt, ohne dass offen angegriffen wird. Der Subtext lautet: Du bist nicht richtig, du bist nicht sicher, du bist nicht willkommen.

Wo entsteht sie?

Toxische Kommunikation entsteht dort, wo Macht nicht reflektiert wird – in hierarchischen Strukturen, in überforderten Teams, in Organisationen ohne Feedbackkultur. Sie gedeiht in einem Klima aus Angst, Unsicherheit und Konkurrenz. Oft ist sie Teil einer systemischen Störung: Wer schweigt, schützt sich. Wer spricht, riskiert etwas. Kommunikation wird so zur Strategie des Überlebens, nicht des Austauschs.

Wie erkennt man toxische Muster?

Die Symptome sind subtil: Meetings, in denen nichts gesagt wird. Vorschläge, die sofort ins Lächerliche gezogen werden. Fragen, die nicht beantwortet, sondern zurückgespielt werden („Was willst du damit sagen?"). Teams, in denen alle nicken, aber keiner etwas meint. Und Menschen, die im Büro anders sprechen als beim Kaffeeautomaten. Kurz: Dissonanz zwischen Oberfläche und Atmosphäre.

Was hilft?

Toxische Kommunikation lässt sich nicht mit ein paar Coaching-Tipps beheben. Es braucht strukturelle und persönliche Klarheit. Ein erster Schritt ist das bewusste Wahrnehmen: Was passiert hier wirklich? Wie fühle ich mich nach Gesprächen? Dann braucht es sichere Räume für Rückmeldung – intern wie extern. Und schließlich: Führungskräfte, die nicht nur Kommunikation organisieren, sondern sie vorleben – mit Haltung, Fehlerfreundlichkeit und Selbstreflexion.

Toxische Kommunikation ist das Gegenteil dessen, was dieses Buch verfolgt. Sie durchbricht Vertrauen, zerstört Sinn und verhindert Veränderung. Aber sie ist nicht alternativlos. Wer sie erkennt, kann sie benennen – und mit anderen Mitteln neugestalten.

Praxisbeispiel: Wenn Schweigen zur Sprache wird

Herr Kramer ist Teamleiter in einer Fachabteilung eines großen Konzerns. In seinem Team herrscht eine auffällige Zurückhaltung: In Meetings wird wenig gesprochen, neue Ideen stoßen auf Schweigen oder werden mit Sätzen wie „Das klappt bei uns eh nie" abgetan. In Einzelgesprächen berichten einzelne Mitarbeitende jedoch von Frust, fehlender Wertschätzung und der Angst, mit Kritik anzuecken. Frühere Vorschläge seien vom vorherigen Vorgesetzten öffentlich ins Lächerliche gezogen oder ignoriert worden. Die Folge: eine gewachsene Kultur des Misstrauens und der Selbstzensur.

Herr Kramer erkennt, dass es nicht reicht, einfach offene Kommunikation zu fordern. Stattdessen beginnt er, systematisch Vertrauen aufzubauen. Er startet mit anonymen Feedbackrunden, in denen Teammitglieder Themen benennen dürfen, ohne sich zu exponieren. In Meetings greift er bewusst positive Impulse auf, bedankt sich sichtbar für Beiträge – auch wenn diese kritisch sind. Er stellt seine eigene Fehlbarkeit heraus und reflektiert sichtbar eigene Entscheidungen. Schritt für Schritt verändert sich das Klima: Erste Ideen werden wieder geteilt, Kolleginnen und Kollegen beginnen, sich gegenseitig zu unterstützen.

Dieses Beispiel zeigt: Toxische Kommunikation ist nicht immer laut – oft ist sie still. Und ihre Heilung beginnt mit einem sicheren Raum, der Vertrauen schafft, ohne zu überfordern. Erst wer sich gehört und respektiert fühlt, wird wieder bereit sein, sich zu zeigen – und damit echtes Verstehen ermöglichen. ◄

Strategien zur Überwindung des Kommunikations-Dilemmas

4

In den vorangegangenen Kapiteln haben wir die sieben Hürden der Kommunikation analysiert. Diese verdeutlichen, dass effektive Kommunikation nicht einfach das Übermitteln von Informationen ist – sondern ein vielschichtiger Prozess, bei dem an jeder Stufe Missverständnisse und Fehlinterpretationen auftreten können.

Doch wie kann Kommunikation optimiert werden, um diese Dilemmata zu überwinden? Dieses Kapitel stellt wissenschaftlich fundierte Methoden vor, die sich in Praxisfeldern wie Unternehmensführung, Mediation und Psychologie bewährt haben.

4.1 Die Grundprinzipien effektiver Kommunikation

Effektive Kommunikation beruht auf bestimmten Grundprinzipien, die sich durch verschiedene Theorien belegen lassen:

1. **Klarheit und Präzision** – Basierend auf dem Shannon–Weaver-Modell sollte eine Botschaft so formuliert sein, dass sie möglichst unmissverständlich ist: Formuliere Botschaften so konkret wie möglich – verwende klare Zeitangaben, konkrete Begriffe und vermeide mehrdeutige Ausdrücke.
2. **Interaktive Rückkopplung** – Kommunikation ist ein zirkulärer Prozess (Watzlawick 1985). Das bedeutet: Nachfragen, Bestätigungen und Paraphrasierungen sind entscheidend: Bitte dein Gegenüber, das Gesagte in eigenen Worten zu wiederholen, oder hake aktiv nach, um Missverständnisse frühzeitig auszuschließen.

© Der/die Autor(en), exklusiv lizenziert an Springer Fachmedien Wiesbaden GmbH, ein Teil von Springer Nature 2025
D. Caroppo, *Das Dilemma der Kommunikation,* essentials,
https://doi.org/10.1007/978-3-658-48931-1_4

3. **Perspektivenübernahme** – Effektive Kommunikation berücksichtigt immer die kognitiven und emotionalen Filter des Gegenübers (Kahneman 2011): Berücksichtige vor der Kommunikation die Situation, das Vorwissen und mögliche emotionale Reaktionen deines Gesprächspartners.
4. **Kontrollierte Emotionen** – Besonders in sensiblen Gesprächen sollte auf eine sachliche, ruhige und konstruktive Sprache geachtet werden: Sprich in konflikthaften oder sensiblen Situationen bewusst ruhig, sachlich und lösungsorientiert – unabhängig von deinem eigenen Erregungszustand.

4.2   Erfolgsfaktoren in verschiedenen Anwendungsfeldern

1. **Führung und Management**
   - **Aktives Zuhören und klare Feedbackkultur**
   Praxisbeispiel: In einem mittelständischen Unternehmen führte eine neue Abteilungsleitung regelmäßige Feedbackrunden ein, bei denen die Teammitglieder offen über Herausforderungen sprechen konnten. Die Führungskraft hörte aktiv zu, stellte gezielte Rückfragen und gab wertschätzendes, aber klares Feedback. Innerhalb weniger Monate verbesserte sich die Teamzufriedenheit deutlich, und die Mitarbeiterfluktuation sank um 30 %.
   - **Transparenz bei Veränderungsprozessen**
   Praxisbeispiel: Ein Konzern kündigte eine umfassende Reorganisation an. Statt auf Gerüchte und Verunsicherung zu warten, informierte das Management frühzeitig über Ziele, Zeitplan und Auswirkungen auf einzelne Abteilungen. Diese Transparenz führte dazu, dass Mitarbeitende die Veränderungen mittrugen – die Umsetzung verlief schneller und reibungsloser als bei vergleichbaren Vorhaben in der Vergangenheit.
   - **Vertrauensfördernde Kommunikation in Teams**
   Praxisbeispiel: Ein agiles Projektteam stand unter starkem Zeitdruck. Die Teamleitung entschied sich bewusst für tägliche, offene Check-ins, in denen nicht nur Aufgaben, sondern auch emotionale Befindlichkeiten geteilt werden konnten. Diese Form der Kommunikation stärkte das Vertrauen und die psychologische Sicherheit – trotz Stress blieb das Team leistungsfähig.
2. **Krisenkommunikation und Mediation**
   - **Emotionale Deeskalationstechniken**

Praxisbeispiel: In einem Krankenhaus eskalierte ein Streit zwischen Pflegekräften und Verwaltungsleitung wegen neuer Dienstpläne. Ein externer Mediator setzte gezielt Techniken wie aktives Zuhören, Ich-Botschaften und Pausen ein, um die emotionale Lage zu beruhigen. Nach zwei Sitzungen war der Dialog wieder möglich – eine gemeinsame Lösung wurde gefunden.

- **Konstruktive Gesprächsführung trotz Konflikten**
  Praxisbeispiel: Ein Familienunternehmen war durch einen Erbschaftskonflikt gespalten. Ein Coach strukturierte ein Gespräch, bei dem alle Parteien ihre Sichtweise darstellen konnten, ohne unterbrochen zu werden. Durch diese Gesprächsführung entstand erstmals Verständnis füreinander – der Weg für eine einvernehmliche Regelung war frei.

- **Eindeutige, faktenbasierte Kommunikation in Krisensituationen**
  Praxisbeispiel: Nach einem Datenskandal in einer Versicherung ging der Vorstand sofort mit einer öffentlichen Erklärung an die Presse. Statt Schuldzuweisungen oder Ausflüchte gab es klare Fakten: Was passiert war, was unternommen wird und wie Kunden geschützt werden. Diese Offenheit stärkte das Vertrauen – die Abwanderung von Kunden blieb gering.

3. **Digitale Kommunikation und Künstliche Intelligenz**
   - **Präzise schriftliche Kommunikation in digitalen Teams**
     Praxisbeispiel: Ein internationales Remote-Team nutzte Slack und E-Mail als Hauptkommunikationskanäle. Unklare Formulierungen führten anfangs zu Missverständnissen und Fehlern. Nach einem internen Workshop zu prägnanter schriftlicher Kommunikation verbesserte sich die Zusammenarbeit spürbar – Projekte wurden effizienter abgeschlossen.

   - **KI-gestützte Spracherkennung als Chance und Risiko**
     Praxisbeispiel: Ein Kundenservice-Team testete ein KI-Tool zur Transkription von Telefonaten. Zwar beschleunigte sich die Dokumentation deutlich, aber es kam zu Fehlinterpretationen bei Dialekten. Erst durch gezielte Nachschulungen und manuelle Qualitätskontrolle konnte das Tool effektiv eingesetzt werden.

   - **Ethische Herausforderungen der KI-Kommunikation**
     Praxisbeispiel: Ein Start-up setzte eine KI ein, um automatisch personalisierte E-Mails an Kunden zu verschicken. Als ein Kunde herausfand, dass die persönliche Nachricht automatisiert war, ging er damit in die Öffentlichkeit. Das Unternehmen musste sich mit Fragen der Authentizität und Transparenz auseinandersetzen – und stellte seine Kommunikationsstrategie um.

4.3   Fazit: Die Zukunft gehört der reflektierten Kommunikation

Effektive Kommunikation kann nicht perfekt sein – aber sie kann verbessert werden. Die sieben Barrieren sind keine unüberwindlichen Hindernisse, sondern Herausforderungen, die durch gezielte Strategien gemeistert werden können. Wer seine Kommunikation bewusst steuert, aktiv reflektiert und die hier vorgestellten Methoden anwendet, wird nicht nur Missverständnisse reduzieren – sondern auch nachhaltigere Beziehungen, erfolgreichere Führung und bessere Verständigung auf allen Ebenen erreichen.

Kommunikation ist das Rückgrat menschlicher Interaktion – und zugleich eine der größten Herausforderungen. Die sieben Hürden der Kommunikation zeigen, dass Informationen auf dem Weg von der Gedankenwelt des Senders bis zum Verhalten des Empfängers auf vielfältige Weise verzerrt, missverstanden oder ignoriert werden können.

Doch die zentrale Erkenntnis dieses Buches lautet: Kommunikation ist nicht statisch – sie kann verbessert werden. Wer die Mechanismen der Missverständnisse kennt, kann sie gezielt umgehen. Dies erfordert jedoch bewusstes Handeln, Reflexion und eine klare Kommunikationsstrategie.

Sonderformen der Kommunikation: Wenn Standardregeln nicht ausreichen

Kommunikation ist nie neutral – sie verändert sich mit dem Kontext, der Zielgruppe und der Situation. Besonders deutlich wird das in sogenannten Sonderformen: In der Politik, in der Wissenschaft, im Gesundheitswesen oder in interkulturellen Teams gelten andere Regeln als im alltäglichen Dialog. Hier greifen klassische Kommunikationsstrategien oft zu kurz – weil Machtverhältnisse, Emotionen, kulturelle Prägungen oder technische Rahmenbedingungen die Verständigung erschweren.

Dieses Kapitel zeigt, wie Kommunikation in besonderen Situationen gelingt: Von der Krisenreaktion bis zur digitalen Kundenkommunikation, vom Generationendialog bis zur Arzt-Patienten-Beziehung. Wer die Spezifika dieser Kontexte versteht, kann Kommunikationsbarrieren gezielter überwinden – und auch in schwierigen Lagen klar, empathisch und wirksam kommunizieren.

5.1 Warum digitale Kommunikation besonders anfällig für Missverständnisse ist

Digitale Kommunikation ist heute allgegenwärtig – sei es per E-Mail, Messenger, Videokonferenz oder Social Media. Doch obwohl wir so viel kommunizieren wie nie zuvor, sind Missverständnisse häufiger denn je. Warum? Weil digitale Kanäle wichtige Elemente der zwischenmenschlichen Kommunikation (Mimik, Gestik, Tonfall) ausschließen oder verzerren. Studien zeigen, dass bis zu 93 % der Kommunikation nicht durch Worte, sondern durch nonverbale Signale vermittelt wird (Mehrabian, 1971). In einer E-Mail oder Textnachricht fehlen jedoch diese emotionalen Nuancen – was dazu führt, dass Botschaften oft falsch interpretiert werden.

D. Caroppo, *Das Dilemma der Kommunikation,* essentials, https://doi.org/10.1007/978-3-658-48931-1_5

Ein klassisches Beispiel

Ein Manager schreibt: „Wir müssen über dieses Problem reden."

Ohne Tonfall oder Kontext kann der Empfänger dies als Kritik oder Besorgnis deuten – obwohl es vielleicht nur eine neutrale Feststellung war.

Häufige Fallstricke der digitalen Kommunikation

1. **Fehlinterpretation von Emotionen**
   - Texte wirken oft kälter oder schärfer, als sie gemeint sind.
   - *Lösung:* Emojis oder erklärende Sätze hinzufügen („Das war als Scherz gemeint!").
2. **Überlastung durch Informationsflut**
   - In Unternehmen empfangen Mitarbeitende täglich Hunderte Nachrichten.
   - *Lösung:* Klare Kommunikationsrichtlinien festlegen (z. B. Priorisierung von Nachrichten).
3. **Missverständnisse in virtuellen Meetings**
   - Studien zeigen, dass Menschen in Zoom-Meetings bis zu 25 % weniger nonverbale Signale wahrnehmen als in persönlichen Gesprächen (Bailenson, 2021).
   - Lösung: Regelmäßige verbale Check-ins („Habe ich das richtig verstanden?") einbauen.
4. **Algorithmen und Filterblasen**
   - Soziale Medien verstärken selektive Wahrnehmung und erschweren eine ausgewogene Kommunikation.
   - *Lösung:* Fördere bewusst den Kontakt zu vielfältigen Informationsquellen und Perspektiven, um algorithmisch erzeugte Filterblasen zu durchbrechen.

Praktische Strategien für bessere digitale Kommunikation

- Klarheit geht vor Kürze – Lieber eine Nachricht etwas ausführlicher formulieren, als Missverständnisse zu riskieren.
- Wichtige Informationen visuell unterstützen – Screenshots, Grafiken oder Bullet-Points helfen beim besseren Verständnis.
- Aktives Feedback einholen – Nachfragen, ob eine Botschaft richtig angekommen ist („Wie interpretierst du das?").
- Bewusst auf Tonfall und Emotionen achten – Besonders in sensiblen E-Mails hilft es, sie noch einmal aus Sicht des Empfängers zu lesen.
- Asynchrone Kommunikation strategisch nutzen – In Remote-Teams klare Regeln festlegen, wann schriftliche vs. mündliche Kommunikation besser ist.

Fazit: Digitale Kommunikation bewusst gestalten
Digitale Kommunikation kann effizient sein – aber nur, wenn sie bewusst ge-steuert wird. Ohne klare Regeln und Empathie entstehen schnell Missverständ-nisse, die Beziehungen und Prozesse belasten. Wer diese Herausforderungen kennt, kann digitale Kommunikation gezielt optimieren – für mehr Klarheit, bes-sere Zusammenarbeit und weniger Konflikte.

5.2   Die Rolle von Künstlicher Intelligenz in der Kommunikation

Künstliche Intelligenz (KI) verändert die Art, wie wir kommunizieren – im All-tag ebenso wie im Berufsleben. Ob Chatbots im Kundenservice, automatische E-Mail-Antworten oder KI-generierte Texte: Immer häufiger treten wir mit Ma-schinen in den Dialog, ohne es bewusst zu merken. Doch so effizient KI-basierte Kommunikation auch sein mag – sie bringt neue Herausforderungen mit sich. Denn Maschinen können zwar Sprache verarbeiten, aber nicht fühlen. Und genau darin liegt das Risiko: Kommunikationsprozesse werden rationalisiert, aber emo-tionale Feinheiten, Werte oder zwischenmenschliche Signale bleiben oft auf der Strecke.

Ein klassisches Beispiel
Ein Kunde erhält auf seine ausführliche Beschwerde eine höflich formulierte, aber generische Antwort eines Chatbots.
Der Kunde fühlt sich nicht ernst genommen – weil der Text keinen Bezug zu seinem konkreten Anliegen nimmt.

Typische Herausforderungen in der KI-gestützten Kommunikation
1. **Mangel an emotionaler Intelligenz**
   – KI-Systeme können semantisch korrekt, aber emotional unpassend reagie-ren.
   – *Lösung:* Sensible Themen automatisiert erkennen und an Menschen weiter-leiten lassen.
2. **Vertrauensverlust durch fehlende Transparenz**
   – Viele Nutzer merken nicht, ob sie mit einem Menschen oder einer Ma-schine sprechen.
   – *Lösung:* Klare Kennzeichnung von KI-generierten Antworten erhöht die Glaubwürdigkeit.

3. **Abhängigkeit von Trainingsdaten**
   – Künstliche Intelligenz reproduziert Muster aus historischen Daten – inklusive Vorurteile oder verzerrter Sprache.
   – *Lösung:* Trainingsdaten regelmäßig überprüfen und mit vielfältigen Perspektiven anreichern.
4. **Automatisierung ohne Kontextverständnis**
   – Eine KI kann Text generieren, aber nicht zwischen Ironie, Sarkasmus oder Ernst unterscheiden.
   – *Lösung:* In kritischen Bereichen menschliche Kontrolle beibehalten (z. B. HR, Kundenservice, Medizin).

Praktische Strategien für den KI-Einsatz in der Kommunikation

- KI als Unterstützung, nicht als Ersatz – Menschliche Kommunikation bleibt unersetzlich, wo Empathie, Intuition und Ethik gefragt sind.
- Transparenz wahren – Nutzer aktiv über KI-Nutzung informieren.
- Grenzen definieren – Klar regeln, in welchen Kommunikationsbereichen KI eingesetzt wird – und wo nicht.
- Qualitätsstandards etablieren – Auch KI-Texte müssen verständlich, respektvoll und zielgruppenorientiert sein.
- Feedbackmechanismen einbauen – Nutzende sollten Rückmeldungen zu KI-Antworten geben können, um Lernprozesse zu fördern.

Fazit: KI-Kommunikation braucht Bewusstsein und Verantwortung
Künstliche Intelligenz kann die Effizienz von Kommunikation deutlich steigern – doch sie darf nicht zum Ersatz für echte Beziehung, Empathie und Kontext werden. Wer KI bewusst, transparent und ethisch reflektiert einsetzt, schafft Vertrauen und verbessert die Qualität der Kommunikation – auch in einer zunehmend digitalen Welt.

5.3   Interkulturelle Kommunikation in einer globalisierten Welt

In einer globalisierten Arbeitswelt ist interkulturelle Kommunikation längst Alltag. Teams bestehen heute häufig aus Mitarbeitenden unterschiedlicher Herkunft, Sprache und kultureller Prägung – ob im internationalen Konzern, im virtuellen Projektteam oder bei der Zusammenarbeit mit globalen Partnern. Diese Vielfalt ist eine große Chance – sie kann Innovation fördern und Perspektiven erweitern. Gleichzeitig birgt sie Risiken für Missverständnisse, Spannungen und Konflikte, wenn kulturelle Unterschiede nicht erkannt und respektiert werden.

Ein klassisches Beispiel

In einem internationalen Meeting wird ein kritischer Punkt von einem deutschen Teilnehmer sehr direkt angesprochen. Kolleginnen und Kollegen aus asiatischen Kulturen empfinden dies als unhöflich oder konfrontativ – obwohl es in der deutschen Geschäftskultur üblich ist.

Typische Herausforderungen interkultureller Kommunikation

1. **Unterschiedliche Kommunikationsstile**
   Kulturen unterscheiden sich stark in Direktheit, Körpersprache oder dem Umgang mit Pausen.
   Lösung: Teammitglieder für kulturelle Unterschiede sensibilisieren und gemeinsame Kommunikationsregeln entwickeln.

2. **Missverständnisse durch Sprachbarrieren**
   Nicht alle Teilnehmenden verfügen über gleich starke Sprachkenntnisse, was zu Unsicherheiten führen kann.
   Lösung: Einfache, klare Sprache nutzen und Rückfragen aktiv fördern.

3. **Abweichende Hierarchieverständnisse**
   In manchen Kulturen ist Kritik an Vorgesetzten unüblich, während sie in anderen erwartet wird.
   Lösung: Feedbackprozesse transparent gestalten und kulturell moderieren.

4. **Unterschiedliche Umgangsformen mit Zeit**
   Während in westlichen Kulturen Pünktlichkeit als Pflicht gilt, steht in anderen Kulturen Beziehungspflege im Vordergrund.
   Lösung: Zeitmanagement im Projektteam gemeinsam definieren und bewusst kommunizieren.

Praktische Strategien für interkulturelle Kommunikation

- Interkulturelle Trainings anbieten – Mitarbeitende lernen, kulturelle Unterschiede zu erkennen und konstruktiv zu nutzen.
- Verständliche Sprache wählen – Fachbegriffe und kulturell geprägte Redewendungen vermeiden.
- Aktives Zuhören fördern – Signale aus anderen Kulturen bewusst wahrnehmen und einordnen.
- Kulturelle Vielfalt sichtbar machen – Raum für Austausch schaffen, z. B. in Form von interkulturellen Tagen oder Projektpräsentationen.
- Reflexion ermöglichen – Teams ermutigen, regelmäßig über die Qualität ihrer Kommunikation nachzudenken.

Fazit: Kulturelle Vielfalt braucht kommunikative Sensibilität
Interkulturelle Kommunikation erfordert mehr als Sprachkenntnisse – sie braucht Offenheit, Empathie und die Bereitschaft zur Anpassung. Wer kulturelle Unterschiede als Stärke versteht und sie bewusst in die Kommunikation integriert, schafft Vertrauen, Respekt und echte Zusammenarbeit über Grenzen hinweg.

5.4   Politische Kommunikation

Politische Kommunikation spielt eine zentrale Rolle in der öffentlichen Meinungsbildung und im demokratischen Diskurs. Sie umfasst nicht nur Reden, Wahlkampf und Medienauftritte von Politikerinnen und Politikern, sondern auch die gezielte Gestaltung von Botschaften, Narrativen und Bildern in sozialen Netzwerken, Pressemitteilungen und institutionellen Kanälen. In Zeiten digitaler Informationsflut und wachsender Polarisierung wird politische Kommunikation zur strategischen Herausforderung: Sie muss informieren, mobilisieren – und gleichzeitig Vertrauen aufbauen.

Ein klassisches Beispiel
Eine Ministerin kündigt eine Reform per Pressemitteilung an, ohne vorher relevante Interessengruppen einzubinden. Die Folge: öffentlicher Protest und massiver Vertrauensverlust – obwohl der Vorschlag inhaltlich vernünftig war.

Typische Herausforderungen politischer Kommunikation
1. **Vertrauensverlust durch Intransparenz**
   Politische Akteure kommunizieren oft zu spät oder zu abstrakt.
   Lösung: Frühzeitige Einbindung der Öffentlichkeit und klare, ehrliche Sprache.
2. **Polarisierung durch vereinfachte Botschaften**
   Komplexe Sachverhalte werden verkürzt dargestellt, was Lagerbildung fördert.
   Lösung: Differenzierte Kommunikation fördern und Zielgruppen gezielt informieren.
3. **Emotionale Instrumentalisierung**
   Politische Kommunikation wird zunehmend emotionalisiert, was rationale Debatten erschwert.
   Lösung: Emotionen anerkennen, aber mit Fakten und Kontext ausbalancieren.
4. **Verlust der Deutungshoheit in sozialen Medien**
   Narrative verbreiten sich schnell ohne Kontrolle.
   Lösung: Proaktive, dialogorientierte Kommunikation auf digitalen Kanälen etablieren.

Praktische Strategien für glaubwürdige politische Kommunikation

- Konsistenz wahren – Politische Aussagen sollten über verschiedene Kanäle hinweg stimmig und nachvollziehbar sein.
- Dialog ermöglichen – Bürgerdialoge, Beteiligungsformate und offene Fragerunden stärken das Vertrauen.
- Narrative bewusst gestalten – Politische Kommunikation braucht klare Werte, Leitbilder und positive Zukunftsbilder.
- Krisenkommunikation vorbereiten – In kritischen Situationen zählen Geschwindigkeit, Klarheit und Empathie.
- Transparenz leben – Entscheidungen und Prozesse nachvollziehbar erklären, um Vertrauen zu stärken.

Fazit: Politische Kommunikation braucht Klarheit, Haltung und Dialogbereitschaft

In einer komplexen, dynamischen Öffentlichkeit ist politische Kommunikation mehr als reine Informationsweitergabe: Sie ist ein zentraler Faktor für gesellschaftlichen Zusammenhalt und demokratische Stabilität. Wer verständlich, offen und empathisch kommuniziert, kann Menschen erreichen, Vertrauen schaffen – und politische Teilhabe stärken.

5.5 Wissenschaftskommunikation – warum klare Sprache entscheidend ist

Wissenschaftskommunikation hat die Aufgabe, komplexe Erkenntnisse aus Forschung und Lehre verständlich, transparent und gesellschaftlich relevant zu vermitteln. Ob in der Klimaforschung, Medizin oder Technik – wissenschaftliche Themen betreffen die Öffentlichkeit zunehmend direkt. Doch gerade hier zeigt sich ein zentrales Problem: Wissenschaftliche Sprache ist häufig abstrakt, detailreich und für Laien schwer zugänglich. Dadurch drohen Missverständnisse, Vertrauensverlust und eine wachsende Kluft zwischen Wissenschaft und Gesellschaft.

Ein klassisches Beispiel

Ein Virologe spricht in einem Interview von „transmissionsassoziierten Inzidenzwerten in vulnerablen Populationen". Viele Zuhörende schalten ab – nicht, weil das Thema irrelevant ist, sondern weil die Sprache zu kompliziert wirkt.

Typische Herausforderungen der Wissenschaftskommunikation

1. **Fachjargon und Abstraktion**
   Viele wissenschaftliche Texte sind gespickt mit Fachbegriffen und Passiv-konstruktionen.
   Lösung: Begriffe erklären, aktive Sprache verwenden und anschauliche Beispiele geben.

2. **Zielgruppenferne Kommunikation**
   Oft wird nicht bedacht, wer der Adressat ist.
   Lösung: Inhalte an das Vorwissen und die Lebensrealität der Zielgruppe anpassen.

3. **Angst vor Vereinfachung**
   Wissenschaftlerinnen und Wissenschaftler befürchten, durch einfache Sprache Seriosität einzubüßen.
   Lösung: Komplexität reduzieren, ohne Inhalte zu verfälschen – mit Mut zur Klarheit.

4. **Glaubwürdigkeitsverlust durch Unsicherheiten**
   Offene Fragen und wissenschaftliche Zweifel werden oft als Schwäche interpretiert.
   Lösung: Unsicherheiten transparent machen, aber im Kontext verständlich einordnen.

Praktische Strategien für verständliche Wissenschaftskommunikation

- Klare Sprache pflegen – Kurze Sätze, aktive Verben und alltagsnahe Begriffe verwenden.
- Visualisierungen nutzen – Komplexe Zusammenhänge mit Grafiken, Diagrammen oder Analogien verdeutlichen.
- Storytelling einsetzen – Forschungsergebnisse in sinnvolle, nachvollziehbare Geschichten einbetten.
- Zielgruppen definieren – Kommunikation je nach Adressat unterschiedlich aufbereiten (z. B. Politik, Medien, Öffentlichkeit).
- Dialogformate stärken – Wissenschaft nicht nur senden, sondern im Austausch mit der Gesellschaft gestalten.

Fazit: Verständliche Sprache verbindet Wissenschaft und Gesellschaft

Wissenschaftskommunikation ist nur dann wirksam, wenn sie verstanden wird. Klare, transparente Sprache schafft Vertrauen, baut Barrieren ab und ermöglicht es der Öffentlichkeit, sich aktiv mit Forschung auseinanderzusetzen. Wer komplexe Inhalte verständlich macht, stärkt die Rolle der Wissenschaft in einer informierten, demokratischen Gesellschaft.

5.6   Kommunikation zwischen Generationen – der digitale Graben

In Zeiten des digitalen Wandels treffen in Organisationen und Gesellschaft oft unterschiedliche Kommunikationsstile und Erwartungen aufeinander – besonders deutlich wird das im Austausch zwischen den Generationen. Während jüngere Menschen mit Smartphones, Emojis und Sprachnachrichten aufgewachsen sind, setzen ältere Generationen stärker auf persönliche Gespräche, Telefonate oder E-Mails. Dieser sogenannte digitale Graben kann zu Missverständnissen, Frustration oder sogar Rückzug führen – obwohl beide Seiten inhaltlich oft das Gleiche meinen.

Ein klassisches Beispiel
Ein Auszubildender schickt seinem Vorgesetzten ein kurzes „OK" per Messenger. Der Vorgesetzte empfindet das als unhöflich oder desinteressiert – obwohl es aus Sicht des Azubis völlig normal ist.

Typische Herausforderungen der Generationenkommunikation
1. **Unterschiedliche Medienpräferenzen**
   Ältere Generationen bevorzugen strukturierte, formelle Kommunikationswege, während Jüngere auf Schnelligkeit und Kürze setzen.
   Lösung: Gemeinsame Kommunikationsstandards im Team definieren.
2. **Abweichende Sprache und Symbolik**
   Jugendsprachliche Ausdrücke, Abkürzungen oder Emojis werden nicht von allen verstanden.
   Lösung: In sensiblen Kontexten klare und altersübergreifend verständliche Sprache verwenden.
3. **Verschiedene Erwartungshaltungen an Feedback**
   Jüngere Mitarbeitende erwarten häufig sofortige Rückmeldungen, Ältere agieren mit mehr zeitlicher Distanz.
   Lösung: Feedbackprozesse aktiv abstimmen und transparent machen.
4. **Missverständnisse durch Digitalisierungsdynamik**
   Technologische Entwicklungen überfordern manche Generationen und führen zu Verunsicherung.
   Lösung: Raum für Austausch, Fragen und gegenseitige Unterstützung schaffen.

Praktische Strategien für generationenübergreifende Kommunikation

- Kommunikationsregeln gemeinsam entwickeln – z. B. zu Antwortzeiten, Tonalität oder Nutzung von Emojis.
- Technologietrainings und Tandemformate fördern – gegenseitiges Lernen zwischen Jung und Alt unterstützt Verständnis.
- Empathie stärken – sich bewusst in die Lebenswelt und Kommunikationsgewohnheiten der jeweils anderen Generation hineinversetzen.
- Hybrid kommunizieren – unterschiedliche Kanäle kombinieren, um alle Zielgruppen zu erreichen.
- Wertschätzung sichtbar machen – altersunabhängig Respekt und Anerkennung in der Kommunikation ausdrücken.

Fazit: Der digitale Graben lässt sich kommunikativ überbrücken

Kommunikation zwischen Generationen braucht Verständnis, Offenheit und gemeinsame Spielregeln. Wer bereit ist, digitale und analoge Gewohnheiten zu reflektieren und aktiv Brücken zu bauen, schafft eine produktive Zusammenarbeit – über Altersgrenzen hinweg. So wird aus dem digitalen Graben ein gemeinsamer Lernraum.

5.7   Kommunikation in der Medizin – zwischen Vertrauen, Aufklärung und Empathie

Kaum ein Bereich ist so stark auf gelungene Kommunikation angewiesen wie die Medizin. Ob im Arztgespräch, in der Pflege, im Notfall oder in der Rehabilitation – die Art, wie Informationen vermittelt und Emotionen aufgefangen werden, beeinflusst nicht nur das Vertrauen, sondern auch den Behandlungserfolg. Patientinnen und Patienten wollen nicht nur informiert, sondern verstanden werden. Gleichzeitig stehen medizinische Fachkräfte unter Zeitdruck, müssen komplexe Inhalte vermitteln und schwierige Entscheidungen erklären – oft unter emotionaler Belastung. Eine klare, empathische und verständliche Kommunikation ist deshalb nicht nur menschlich, sondern medizinisch notwendig.

Ein klassisches Beispiel

Eine Ärztin erklärt einem Patienten nüchtern die Diagnose: ‚Maligne Neoplasie im Stadium III'. Der Patient versteht weder die Bedeutung noch die Dramatik – was zu Verunsicherung und Rückfragen führt.

Typische Herausforderungen in der medizinischen Kommunikation

1. **Fachsprache und Informationsüberflutung**
   Patientinnen und Patienten können medizinische Begriffe oft nicht einordnen.
   Lösung: Einfach, strukturiert und bildhaft erklären – ohne zu verharmlosen.

2. **Zeitdruck und Gesprächsverkürzung**
   Begrenzte Zeit pro Patientengespräch führt oft zu oberflächlicher Kommunikation.
   Lösung: Gesprächsführung priorisieren, aktives Zuhören einplanen.

3. **Emotionale Belastung auf beiden Seiten**
   Diagnosegespräche oder schlechte Nachrichten sind für alle Beteiligten emotional fordernd.
   Lösung: Gesprächstechniken zur empathischen Übermittlung trainieren.

4. **Hierarchien im Gesundheitssystem**
   Patientinnen und Patienten trauen sich oft nicht, Rückfragen zu stellen oder eigene Anliegen zu äußern.
   Lösung: Eine Gesprächskultur auf Augenhöhe fördern.

Praktische Strategien für gelingende medizinische Kommunikation

- Die Sprache des Gegenübers sprechen – Begriffe erklären, Zusammenhänge veranschaulichen.
- Aktives Zuhören und gezieltes Nachfragen – um Unsicherheiten und offene Fragen zu erkennen.
- Empathische Gesprächsführung trainieren – insbesondere bei schwierigen Mitteilungen.
- Visuelle Hilfsmittel nutzen – Skizzen, Modelle oder Broschüren können unterstützen.
- Interprofessionelle Kommunikation verbessern – auch im Team klare, verbindliche Absprachen treffen.

Fazit: Kommunikation heilt mit

Kommunikation in der Medizin ist mehr als Informationsweitergabe – sie ist Teil der Behandlung. Wer verständlich spricht, empathisch zuhört und auf Augenhöhe kommuniziert, stärkt das Vertrauen und fördert die aktive Mitwirkung der Patientinnen und Patienten. Damit wird Kommunikation selbst zu einem entscheidenden Heilfaktor.

5.8   Krisenkommunikation – Ruhe bewahren, Vertrauen schaffen

In Krisensituationen entscheidet Kommunikation oft darüber, ob Vertrauen erhalten bleibt oder dauerhaft beschädigt wird. Ob in Unternehmen, Behörden oder öffentlichen Institutionen: Wer im Ernstfall unklar, zögerlich oder widersprüchlich kommuniziert, verschärft die Situation. Gute Krisenkommunikation muss schnell, ehrlich, empathisch und handlungsleitend sein – auch unter Druck.

Ein klassisches Beispiel
Nach einem Datenskandal veröffentlicht ein Unternehmen zunächst gar keine Stellungnahme. Medien und Öffentlichkeit spekulieren – das Vertrauen sinkt massiv.

Typische Herausforderungen in der Krisenkommunikation
1. **Zeitdruck und Unsicherheit**
   Schnelle Entscheidungen lassen wenig Raum für Abstimmung.
   Lösung: Krisenpläne und klare Kommunikationsketten im Vorfeld definieren.
2. **Widersprüchliche Botschaften**
   Unklare oder wechselnde Aussagen führen zu Verwirrung.
   Lösung: Eine konsistente Sprachregelung mit zentralem Sprecher etablieren.
3. **Emotionaler Ausnahmezustand**
   Ängste und Gerüchte dominieren die Wahrnehmung.
   Lösung: Ruhe ausstrahlen, Emotionen anerkennen, sachlich informieren.

Praktische Strategien für die Krisenkommunikation
- Krisenkommunikationspläne entwickeln – inklusive Sprechregelungen, Kanälen und Ansprechpartnern.
- Ehrlichkeit vor Imagepflege – Transparenz stärkt langfristig die Glaubwürdigkeit.
- Medientraining durchführen – insbesondere für Führungskräfte und Krisenteams.
- Krisen als Chance begreifen – offener Umgang mit Fehlern zeigt Lernbereitschaft.

Fazit
Krisenkommunikation verlangt Besonnenheit, Klarheit und Verantwortungsbewusstsein. Wer vorbereitet ist, schnell handelt und offen kommuniziert, kann auch in schwierigen Situationen Vertrauen bewahren – oder sogar zurückgewinnen.

5.9 Kommunikation im Wandel – Erfolgsfaktor in Veränderungsprozessen

Veränderungsprozesse wie Umstrukturierungen, Fusionen oder neue Strategien sind kommunikativ besonders sensibel. Ohne gezielte Change-Kommunikation entstehen Gerüchte, Widerstand oder Demotivation. Gute Kommunikation erklärt nicht nur das Was, sondern auch das Warum – und nimmt die Menschen mit.

Ein klassisches Beispiel

In einem Unternehmen werden Stellen verlagert, ohne vorherige Kommunikation. Die Belegschaft reagiert mit Unsicherheit und Ablehnung.

Typische Herausforderungen

1. **Informationslücken und Gerüchte**
   Fehlende Kommunikation wird durch Spekulation ersetzt.
   Lösung: Frühzeitig und regelmäßig informieren – auch bei Unsicherheiten.
2. **Verlustängste und Widerstand**
   Veränderungen erzeugen Stress.
   Lösung: Sorgen ernst nehmen und aktiv zuhören.
3. **Top-down-Kommunikation**
   Mitarbeitende fühlen sich nicht beteiligt.
   Lösung: Dialogformate schaffen – z. B. Feedbackrunden oder Beteiligungsforen.

Praktische Strategien

- Veränderungen kontextualisieren – das große Ganze erklären.
- Kommunikation als Führungsaufgabe etablieren – regelmäßig, offen und erreichbar sein.
- Betroffene zu Beteiligten machen – Mitsprache schafft Akzeptanz.
- Emotionale Dimensionen ansprechen – z. B. durch Geschichten oder Erfahrungsberichte.

Fazit

Veränderung gelingt nur mit Kommunikation. Wer transparent informiert, ehrlich bleibt und zuhört, kann selbst herausfordernde Prozesse tragfähig gestalten.

5.10 Kommunikation im Ehrenamt – Motivation, Bindung, Wirkung

Im Ehrenamt steht nicht die Bezahlung im Mittelpunkt, sondern der Sinn. Deshalb ist Kommunikation hier besonders entscheidend, um Motivation zu fördern, Zugehörigkeit zu stärken und Engagement langfristig zu sichern. Gerade weil viele Abläufe informell sind, bedarf es klarer, wertschätzender und verbindlicher Kommunikation.

Ein klassisches Beispiel
Eine ehrenamtliche Helferin erscheint nicht mehr zur Aktion, weil sie sich nach einer kritischen Rückmeldung nicht wertgeschätzt fühlt. Das Team hatte nicht bemerkt, wie verletzend der Tonfall war.

Typische Herausforderungen
1. **Fehlende Rückmeldestrukturen**
   Lob und Kritik erfolgen oft beiläufig.
   Lösung: Regelmäßige Reflexionsrunden einplanen.
2. **Unklare Rollenverteilungen**
   Freiwillige sind sich nicht sicher, was erwartet wird.
   Lösung: Erwartungen und Zuständigkeiten klar kommunizieren.
3. **Hohe emotionale Bindung**
   Kritik wird schnell persönlich genommen.
   Lösung: Wertschätzung und konstruktives Feedback kombinieren.

Praktische Strategien
- Willkommenskultur schaffen – neue Ehrenamtliche aktiv integrieren.
- Wertschätzend kommunizieren – kleine Gesten, klare Worte.
- Verlässliche Informationen bereitstellen – z. B. über Newsletter oder Gruppenchats.
- Dialog ermöglichen – offene Ohren für Bedürfnisse und Anliegen schaffen.

Fazit
Im Ehrenamt wirkt Kommunikation als Kitt der Gemeinschaft. Wer transparent, herzlich und respektvoll kommuniziert, stärkt Zusammenhalt und langfristige Bindung.

5.11   Interne Kommunikation – der unsichtbare Erfolgsfaktor

Interne Kommunikation ist das Rückgrat jeder Organisation – und doch wird sie oft unterschätzt. Ob zwischen Abteilungen, im Projektteam oder von der Führung zur Belegschaft: Sie beeinflusst die Unternehmenskultur, die Mitarbeitermotivation und die Effizienz der Zusammenarbeit. Wenn interne Kommunikation gelingt, schafft sie Orientierung, Vertrauen und Identifikation. Wenn sie scheitert, entstehen Gerüchte, Missverständnisse und Reibungsverluste.

Ein klassisches Beispiel
Ein Unternehmen entscheidet sich für Homeoffice-Regelungen, informiert aber nur per allgemeiner Rundmail. Viele Mitarbeitende fühlen sich übergangen oder verunsichert – die Akzeptanz sinkt.

Typische Herausforderungen
1. **Informationsüberfluss oder -mangel**
   Zu viele irrelevante Infos oder zu wenig Wesentliches führen zu Desinteresse.
   Lösung: Informationen filtern, priorisieren und zielgruppengerecht aufbereiten.
2. **Mangelnde Rückkopplung**
   Mitarbeitende erfahren nicht, ob ihre Anliegen gehört wurden.
   Lösung: Feedbackschleifen einbauen und transparent Rückmeldung geben.
3. **Uneinheitliche Kanäle**
   Kommunikation erfolgt per Mail, Intranet, Chat – aber ohne Struktur.
   Lösung: Klare Kanalstrategie etablieren und kommunizieren.
4. **Top-down statt Dialog**
   Führungskräfte senden, Mitarbeitende empfangen – ohne echte Beteiligung.
   Lösung: Beteiligungsformate und Dialogkultur fördern.

Praktische Strategien
- Kommunikationsleitlinien entwickeln – Wer kommuniziert was, wann, wie und mit wem?
- Digitale Tools sinnvoll einsetzen – z. B. für Abstimmungen, News oder Projektarbeit.
- Regelmäßige Team- und All-Hands-Meetings durchführen – für Transparenz und Austausch.

- Mitarbeitende aktiv einbinden – z. B. durch Feedbackrunden, Umfragen oder Ideenplattformen.
- Wertschätzung sichtbar machen – Lob, Erfolge und Beiträge klar kommunizieren.

Fazit

Interne Kommunikation wirkt – im Positiven wie im Negativen. Wer sie bewusst gestaltet, fördert Orientierung, Zusammenhalt und Motivation. Damit wird sie zum zentralen Erfolgsfaktor für jede Organisation.

5.12 Kommunikation im Bildungskontext – Wissen verständlich vermitteln

Ob im Klassenzimmer, im Hörsaal oder im digitalen Lernumfeld – Kommunikation ist der Schlüssel für erfolgreiche Bildungsprozesse. Lehrende müssen nicht nur Wissen vermitteln, sondern auch motivieren, individuell fördern und eine vertrauensvolle Lernatmosphäre schaffen. Dabei ist Verständlichkeit essenziell: Was nicht verstanden wird, kann nicht gelernt werden.

Ein klassisches Beispiel

Ein Dozent erklärt ein komplexes Modell, ohne Beispiele zu nutzen. Die Studierenden sind verwirrt und verlieren das Interesse.

Typische Herausforderungen

1. **Fachliche Überforderung**
   Lehrinhalte werden zu abstrakt oder voraussetzungsvoll vermittelt.
   Lösung: Anschauliche Beispiele und sprachliche Vereinfachung einsetzen.
2. **Motivationsmangel**
   Schülerinnen oder Studierende fühlen sich nicht angesprochen.
   Lösung: Bezug zur Lebenswelt und Interaktivität fördern.
3. **Unklare Erwartungen**
   Kommunikationslücken bei Leistungsanforderungen.
   Lösung: Ziele, Bewertung und Feedback transparent machen.

Praktische Strategien

- Einfache, bildhafte Sprache verwenden – besonders bei komplexen Themen.
- Offene Kommunikation und Rückfragen fördern – z. B. durch niedrigschwellige Feedbackformate.

- Positives Lernklima schaffen – Lob und konstruktives Feedback bewusst einsetzen.
- Digitale Tools gezielt integrieren – zur Unterstützung und Aktivierung.

Fazit

Bildung braucht Kommunikation – verständlich, motivierend und dialogorientiert. Nur wer gehört und verstanden wird, kann auch lernen.

5.13   Kommunikation im Justiz- und Verwaltungswesen – Zwischen Recht und Verständlichkeit

Im Justiz- und Verwaltungsbereich treffen hochspezialisierte Fachsprachen auf ein breites Publikum. Wenn juristische oder behördliche Kommunikation zu komplex, bürokratisch oder unverständlich ist, entstehen Frustration, Unsicherheit und Vertrauensverlust. Gerade in rechtsstaatlichen Prozessen ist jedoch Klarheit entscheidend – für Gerechtigkeit und Teilhabe.

Ein klassisches Beispiel

Ein Behördenschreiben zur Sozialhilfe enthält zahlreiche Verweise und Fachbegriffe. Die Empfängerin versteht die Konsequenzen nicht – und versäumt wichtige Fristen.

Typische Herausforderungen
1. **Fachsprache und Gesetzeslogik**
   Rechts- und Verwaltungstexte sind oft schwer zugänglich.
   Lösung: Klare, adressatengerechte Sprache verwenden.
2. **Fehlende Dialogmöglichkeiten**
   Kommunikation erfolgt einseitig.
   Lösung: Beratung und Rückfrageangebote ausbauen.
3. **Angst und Unsicherheit beim Gegenüber**
   Bürger fühlen sich überfordert oder entmündigt.
   Lösung: Transparenz, Respekt und Zugewandtheit zeigen.

Praktische Strategien
- Leichte Sprache oder Klartext-Übersetzungen anbieten.
- Mitarbeitende für bürgerfreundliche Kommunikation sensibilisieren.

- Informationsmaterial visuell aufbereiten – z. B. mit Piktogrammen oder Schritt-für-Schritt-Anleitungen.
- Dialogorientierte Formate stärken – z. B. Bürgersprechstunden oder Online-Chats.

Fazit

Verständliche Kommunikation ist Voraussetzung für Vertrauen und Teilhabe. Auch komplexe Inhalte lassen sich bürgernah vermitteln – wenn man will.

Kommunikation als Haltung – Warum Klarheit Mut braucht

6

Am Ende dieses *Essentials* steht keine Lösung zum Abhaken. Sondern ein Perspektivwechsel. Kommunikation ist kein Werkzeugkasten, kein rhetorisches Theaterstück und kein psychologisches Planspiel. Sie ist Ausdruck von Haltung – manchmal unbequem, oft anstrengend, immer entscheidend.

Wer klar kommunizieren will, muss bei sich anfangen. Nicht beim Empfänger, nicht bei der Technik, nicht bei der nächsten Methode. Sondern bei der eigenen Absicht. Wer etwas sagt, muss wissen, warum er es sagt. Und was er vermeiden will, wenn er es nicht sagt.

Das klingt simpel, ist aber selten einfach. Denn Klarheit macht sichtbar, was sonst verborgen bleibt: Unsicherheiten, unausgesprochene Erwartungen, doppelte Botschaften. Wer deutlich spricht, muss aushalten, dass andere deutlich antworten. Wer verstanden werden will, muss bereit sein, sich zeigen zu lassen, was er selbst nicht sieht.

In der Praxis heißt das: Kommunikation ist weniger eine Frage der Formulierung als eine Frage der Haltung. Wer unklar denkt, wird unklar sprechen. Wer konfliktscheu ist, wird ausweichend formulieren. Und wer überzeugen will, ohne zuzuhören, wird in Sprachmustern steckenbleiben, die nichts mehr bewirken.

Viele Missverständnisse sind nicht das Ergebnis schlechter Sprache, sondern das Produkt mangelnder Aufrichtigkeit. Wir reden um den Kern herum, statt ihn zu benennen. Wir verpacken, was Klarheit bräuchte, und wundern uns, dass es nicht ankommt.

Klarheit braucht Mut. Und Mut beginnt nicht bei der Stimme, sondern bei der Entscheidung: Ich will verstanden werden. Nicht bloß effizient. Nicht bloß höflich. Sondern ehrlich. Auch wenn es Reibung gibt. Auch wenn es Stille gibt. Auch wenn es Rückfragen gibt, die unbequem sind.

D. Caroppo, *Das Dilemma der Kommunikation,* essentials, https://doi.org/10.1007/978-3-658-48931-1_6

Wenn dieses Buch einen Beitrag geleistet hat, dann vielleicht diesen: Kommunikationsprozesse bewusster wahrzunehmen. Zwischen Worten und Wirkung zu unterscheiden. Und nicht sofort zu reagieren, sondern manchmal erst zu fragen: Habe ich verstanden, was wirklich gemeint war?

Kommunikation ist kein Zustand. Sie ist ein Prozess. Und jeder Versuch, sie zu verbessern, beginnt mit einer Entscheidung. Kein Werkzeug. Keine Technik. Sondern eine Haltung.

Was Sie aus diesem *essential* mitnehmen können

- Ein klar strukturiertes 7-Stufen-Modell, das typische Bruchstellen in der Kommunikation sichtbar macht – vom unausgesprochenen Gedanken bis zum verlorenen Wissen.
- Psychologische Erklärungen, warum Kommunikation selbst bei bester Absicht scheitern kann – und wie man diese Prozesse gezielt durchbrechen kann.
- Konkrete Fallbeispiele aus Führung, Organisation und Alltag, die zeigen, wie Kommunikationsprobleme entstehen – und wie sie gelöst werden können.
- Reflexionsfragen und Checklisten zur Entwicklung einer klaren, glaubwürdigen und wirkungsvollen Kommunikationspraxis.
- Impulse zur Gestaltung einer Kommunikation, die auf Haltung statt Technik setzt – und Klarheit schafft, wo sonst Missverständnisse entstehen.
- Ein kompakter Überblick über die relevanten kommunikativen Kompetenzen in Beruf, Führung, Teamarbeit und organisationalem Wandel.

D. Caroppo, *Das Dilemma der Kommunikation*, essentials, https://doi.org/10.1007/978-3-658-48931-1

Literatur

Argyris, C. (1991). *Teaching Smart People How to Learn*. Harvard Business Review, May-June 1991.

Ariely, D. (2008). *Predictably Irrational: The Hidden Forces That Shape Our Decisions*. HarperCollins.

Broadbent, D. E. (1958). *Perception and Communication*. Pergamon Press.

Cialdini, R. B. (2006). *Influence: The Psychology of Persuasion*. Harper Business.

Goleman, D. (2013). *Focus: The Hidden Driver of Excellence*. Harper.

Gottman, J. M., & Levenson, R. W. (1992). Marital processes predictive of later dissolution: Behavior, physiology, and health. Journal of Personality and Social Psychology, 63(2), 221–233.

Gottman, John M. & Silver, Nan (1999): The Seven Principles for Making Marriage Work. New York: Crown Publishing.

Kahneman, D. (2011). *Thinking, Fast and Slow*. Farrar, Straus and Giroux.

Lewin, K. (1947). *Frontiers in Group Dynamics: Concept, Method and Reality in Social Science*. Human Relations, 1(1), 5–41.

McKinsey & Company. (2021). *The future of work after COVID-19*. https://www.mckinsey.com.

Mehrabian, A. (1971). *Silent Messages*. Belmont, CA: Wadsworth.

Microsoft. (2015). *Attention spans*. Consumer Insights Report. https://www.microsoft.com.

Schiedermair, I., Kick, E., Baumgartner, M., Kopp, T. & Kinkel, S. (2023): Wissensmanagement in KMU – Kriterien zur Identifikation von internen Schlüsselpersonen. ZWF – Zeitschrift für wirtschaftlichen Fabrikbetrieb, 118(6), S. 395–399. https://doi.org/10.1515/zwf-2023-1087.

Shannon, C. E., & Weaver, W. (1949). *The Mathematical Theory of Communication*. University of Illinois Press.

Simons, D. J., & Chabris, C. F. (1999). *Gorillas in our midst: Sustained inattentional blindness for dynamic events*. Perception, 28(9), 1059–1074.

Tannen, D. (1998). *The Argument Culture: Stopping America's War of Words*. Ballantine Books.

Thaler, R. H., & Sunstein, C. R. (2008). *Nudge: Improving Decisions About Health, Wealth, and Happiness*. Yale University Press.

Watzlawick, P. (1985). *Wie wirklich ist die Wirklichkeit? Piper.

If you have any concerns about our products,
you can contact us on
ProductSafety@springernature.com

In case Publisher is established outside the EU,
the EU authorized representative is:
Springer Nature Customer Service Center GmbH
Europaplatz 3, 69115 Heidelberg, Germany

Printed by Libri Plureos GmbH
in Hamburg, Germany